抗疫期间，作者在武汉的工作照

大疫期间，逆入武汉，也许是我一生最重要的决定。

也有恐惧，也有反悔，但这是千载难逢的机遇，这是一个真正的纪实作家见证历史、记录历史的最佳位置！

义不容辞，虽死不辞！

武汉纪事

WUHAN JISHI

李春雷·著

江西高校出版社
JIANGXI UNIVERSITIES AND COLLEGES PRESS

图书在版编目(CIP)数据

武汉纪事 / 李春雷著. —南昌：江西高校出版社，2020.8
ISBN 978-7-5493-9983-3

Ⅰ. ①武… Ⅱ. ①李… Ⅲ. ①报告文学—作品集—中国—当代 Ⅳ.①I25

中国版本图书馆CIP数据核字(2020)第101412号

出版发行	江西高校出版社
社　　址	江西省南昌市洪都北大道96号
总编室电话	(0791)88504319
销售电话	(0791)88517295
网　　址	www.juacp.com
印　　刷	浙江海虹彩色印务有限公司
经　　销	全国新华书店
开　　本	700 mm × 1000 mm　1/16
印　　张	11.75
字　　数	140千字
版　　次	2020年8月第1版
印　　次	2020年8月第1次印刷
书　　号	ISBN 978-7-5493-9983-3
定　　价	42.00元

赣版权登字-07-2020-503

序

柳斌杰

自古以来，人类一直是在同磨难做斗争的过程中创造自己的生命和生活。而疫病就是威胁人类生命安全的共同敌人，在历史上多次改变过人类、国家的命运。

刚进入2020年,也就是中国已亥与庚子之交，武汉暴发了一场前所未有的疫情——新型冠状病毒肺炎。疫情来势凶猛，全国震动,世界瞩目。

疫情之初,人们对这种新病毒知之甚少,对新病毒传播之快、危害之烈,有着谈毒色变之感,人人唯恐避之不及。但就在这场公共卫生危机之初，却有一批批行色匆匆的逆行者进入封城的武汉,他们有:

最早进入武汉对疫情做出正确分析判断、提出紧急应对措施的院士、专家;

亲临疫区指挥抗疫、慰问群众和医护人员的党和国家领导人;

来自四面八方的向公众介绍抗疫斗争现场的新闻记者;

支援武汉抗疫的人民解放军队伍和祖国各地的医疗救护队;

建设雷神山医院和火神山医院的工程技

术人员与民工;

运送来自祖国各地抗疫物资的工作者;

支援武汉抗疫的志愿者;

还有一支特殊的队伍——深入疫区采访创作的中国作家。河北省作协副主席、中国报告文学学会副会长李春雷就是这支特殊队伍中的一员。他是中国作协组织的赴武汉作家小分队成员之一。

逆行者们的铿锵脚步声向疫区民众传递出一种关爱与信心:党和政府、全国人民是你们的坚强后盾。有这样强大的后盾,封城的武汉并不是孤立无援的。

疫区采访创作不同于以往,尽管进入疫区的作家们有心理准备,但实际情况比他们想象的更严峻。寻常的一日三餐不存在了,代之以面包和水;宽敞的写字台没有了,连座椅也没有,只能用纸箱来凑合;外出采访不是件潇洒自如的事情,采访者要冒着被病毒感染的极大风险,除了戴口罩,还要进行从头顶到脚底的最为严格的消毒。最难度过的还是孤独:除了采访写作,平日一个人独坐陋室,正常的人际交流没有了,连电视、广播、报纸也没有,整整一个多月。

但正是在这样一种非常态的、连归期也一再推迟的艰难环境中,李春雷写出了一篇篇以人物为主的报告文学作品,以他亲临现场采访的所见所闻,传递出武汉抗疫的真实信息,给世人展示出一个不屈的武汉。

在他的笔下,人们听到了最早收治新冠肺炎感染者、总共救治 2220 名新冠肺炎患者的金银潭医院的身患渐冻症的院长张定宇在大灾难来临时有条不紊指挥全院救治患者的坚定声音;人们听到了最早发现疫情苗头并坚持上报的湖北省中西医结合医院呼吸内科主任张继先颇具男子气、被人称之为“继先兄”的爽朗声音；人们听到了援助武汉的、不好意思穿纸尿裤的男护士张明轩略带腼腆的声音；人们听到了为救治患者时方便，把一头漂亮头发剪去、剃成光头的“90”后女护士肖思孟清脆的声音；还有作者在武汉采访创作期间听到的春天鸟儿鸣叫的声音，和他对这次严重疫情思考的肺腑之言的声音……通过这些各具特色的声音，人们看到了李春雷笔下一个个个性鲜明的人物和武汉大疫期间万众齐心协力奋战疫魔的情景。而这种具有鲜明个性的人物形象和疫情期间武汉奋斗的生机，只有经过面对面的交谈、近距离的观察才能写出来，闭门造车是不可能写出来的。

这样的创作态度，让人想起汉代的史官司马迁。司马迁为了写好历史，不畏路途遥远，亲临历史事件发生地考察采风，访问了口传历史的许多长者，写出了带有温度的史书《史记》。正因如此，《史记》成为后世文史典范。

李春雷在武汉疫情严重时入汉，采写的一篇篇有血有肉的报告文学作品相继在《人民日报》《光明日报》等一些主流媒体发表，广获好评。现在，从李春雷在武汉期间创作的作品中挑选出 17 篇集结成《武汉纪事》。这是他，也是中国作家在这次抗疫斗争中向党和人民交出的一份出色答卷！正如作者所言：“大疫期间，逆入武汉，也许是我一生最重要的决定。也有恐惧，也有反悔，但这是千载难逢的机遇，这是一个真正的纪实作家见证历史、记录历史的最佳位置！义不容辞，虽死不辞！”

这正是中国作家的使命与担当，是他们留下了武汉人民抗疫斗争的真实记录。

我们深感欣慰,武汉抗疫,中国作家没有缺席!

我们祈愿全球抗击新冠病毒的斗争,早日取得胜利,恢复人类健康、幸福、平安的生活。

(柳斌杰,第十二届全国人大教科文卫委员会主任委员、原新闻出版总署署长、中国出版协会理事长)

武汉战"疫"感言

李春雷

人生多平庸,偶尔逞英雄。

疫情凶且险,斗胆武汉行。

真是做梦也没有想到,疫情肆虐期间,我居然在武汉市的中心区域生活和创作了35天。

此行的相关过程和细节,书中有详细说明。

在此,我只是略略汇报一下创作情况。

由于情况紧急,我借住在武汉体育学院旁边一间仅仅10平方米左右的小房间里。极其怪诞的是,竟然只有我的房间没有桌椅,只有一张低矮的小小茶几,勉强摆放电脑,却不能安置鼠标。坐什么呢?我只能把当地朋友冒险送来的牛奶和面包的箱子,摞在一起,作为座墩。

写作过程更是煎熬。在家时,我习惯使用台式电脑,大键盘、大屏幕,得心应手。写出初稿后,我打印出来,在纸上修改。这样,可以最大限度地减轻视觉疲劳。

多年的写作习惯,现在全部改变。

身体委屈,双手委屈,眼睛委屈,所以迟迟没有写作感觉。直到一周过后,由于编辑们频频催稿,这才不得不就范这种委屈,强行进入写作状态。

后期,我常常从早上5点开始,一直写到上午10点左右。早饭耽误了,就只用午餐;有时候,一抬头,是下午三四点,那就全天只吃一顿饭。最累的时候,我感觉浑身就要崩溃了。我这才猛然醒悟:创作,不仅是智力劳动,也是体力劳动,需要用最火热、最持久的激情和精力,把一切生硬艰涩的素材全部打通融汇。就像炼钢炼铁,热度不够,火力不足,再好的原材料,也不能生产出精品钢铁。

正是坐在这些香喷喷的牛奶和面包上,我写出了17篇味道各异的文字。

列队如下,敬请审阅。

目录

白衣披甲·战“疫”

三月正青春

创作背景

主人公肖思孟剃光披肩发、奋勇上前线的故事,最早披露于元宵晚会。

我到武汉后,中央指导组宣传组开会,决定在《光明日报》开辟一个专栏,推出几位富有担当精神的“90后”青年人,并物色典型人物。我马上就想到了那个光头小姑娘,并竭力推荐。

可怎么联系上她呢?

正巧,她是我们河北人。于是,我请好朋友、《燕赵都市报》记者侯艳宁帮忙联系,可几经周折,居然没有找到。后来,通过国家卫健委宣传司,我终于得到了她的电话。当时的她,正全副武装地战斗在武汉市第七医院重症病室,我们无法见面。于是,我只好通过微信、电话的方式,在她休息时间,与她多次聊天。

为了进一步挖掘素材,写出她生命背后的沉重故事,我又把目光瞄准了她的老家——位于秦皇岛市青龙满族自治县偏远山区的一个名叫拉拉岭的小村。真是奇巧,我的另一位好朋友赵剑升,正是该县电视台的记者,而且与肖思孟的父亲比较熟悉,对她的家境十分了解。于是,剑升帮我拍摄了许多视频,又提供了一些文字资料。

正是有了这些丰富的素材,才有了这篇作品。

“我叫肖思孟。孟子的孟，不是梦幻的梦。”

电话中，她热情却又认真地对我说。

是的，在近期的新闻报道中，她的名字大多被写成“肖思梦”。采访之前，我曾想，这应该是一位清纯、漂亮且浪漫的女孩子。

3月上旬，由于她仍然在武汉市第七医院病房忙于护理工作，我只能通过视频和电话联系。视频中的她正蜗居轮休，戴着一顶可爱的小红帽，的确清纯且漂亮；但谈到疫情，谈到工作，她马上收起浪漫的表情，变得严肃起来，并摘下帽子，露出白亮亮的光头。提及自己的名字，她也格外较真。

“我的孟，是孟子的孟！”

“我当然也有梦，但每一个梦，最需要的是脚踏实地……”

一

肖思孟的生命，有着别样的沉重。

她，是一个遗腹子！

1994年10月，她出生于河北省秦皇岛市青龙县一个名叫拉马沟的小山村，乳名梦梦。此前一个月，她的父亲遭遇车祸，不幸去世。

第二年，母亲抱着小梦梦，改嫁到邻镇的拉拉岭村。继父纪友义，是一位家境贫困的民办教师，兄弟五人，多半光棍或残疾，所以年过三十，尚未婚配。

办理妻子户籍时，好友向纪友义耳语：要让女孩改姓纪。

可是，这个朴实、善良的汉子啊，不仅没有这样做，而且还时常送她回拉马沟村，看望肖家的爷爷奶奶。是啊，儿子去世了，孙女就是两位老人唯一的精神寄托呢。

看着女孩健康，看着妻子病弱，想着家境赤贫，本来可以拥有自己亲生孩子的纪友义，便主动提出，不再生育，全心全力养育小梦梦。这个特殊的家庭，虽然异常贫寒，却从来不缺少恩爱和温暖。

到了上学年龄，长辈和邻居们再一次郑重劝说纪友义，一定要给小梦梦改姓。他们说，这个孩子与你没有血缘关系，又与肖家亲密，如果再不随你姓，长大后肯定会远走高飞，谁为你养老？但这个固执的民办教师，仍然不改初衷。不仅如此，他还为她取了一个特殊寓意的名字——肖思孟。

纪友义抚摸着女儿的头，深情地说："'肖'，是你亲生父亲的姓。他虽然去世了，但你要永远感恩父亲。'梦'，虽然美妙，但总是飘忽。咱家穷，将来你要扎扎实实地做事。所以，我把'梦'改为'孟'。这是孟子的孟，孟子与孔子齐名，是中国传统文化的根！"

母亲身体欠佳，因此小思孟从幼儿园到初中，由继父一手带大。虽然纪友义待小思孟如同己出，却从不溺爱，不仅学习上严加教导，为人处事上更是时时叮嘱——要学会吃亏、先人后己，要有责任心，更要有爱心。

在父亲的宠爱和教诲里，小思孟出落成了一个纯朴善良、温柔体贴的大姑娘。

2013 年高中毕业，肖思孟考取河北中医学院，学习护理专业。2016 年大学毕业后，她以优异的成绩，考入河北省中医院，成为该院呼吸二科的一名护士。

母亲患有高血压、颈椎病和腰椎间盘突出等慢性疾病，需要长年服药。父亲虽已转为公办教师,但年近花甲,由于多年劳累过度,已切除胆囊,还患有胃糜烂、鼻炎、便秘等病症,近日又做了喉异物切除手术。而且,父母还供养着两个光棍兄弟,其中一位残疾。生活的重担,像山一样压在这个小家庭身上。懂事的肖思孟参加工作后,总是将自己的大部分收入寄给父母,以补贴家用。

同时,她还以护士的专业和细心,为父母详细制订保健计划。不仅如此,父母的通信费和家里的水、电、煤气费等,所有可以通过手机缴纳的费用,全部由她包揽。纪家的爷爷奶奶都去世了,只剩下肖家奶奶,她也时常买衣寄物,嘘寒问暖。

每天,她都会给父母发去许多微信图片,汇报自己的工作和生活。

上学的时候,她喜欢三毛、琼瑶的小说和一些消遣类杂志,可参加工作之后,她的业余阅读逐渐向国学、历史方面靠近,尤其喜欢唐诗、宋词等古典文学和传统文化。

有一次,她给父亲打去电话,首先吟诵了一段:“鱼,我所欲也;熊掌,亦我所欲也。二者不可得兼,舍鱼而取熊掌者也。”而后,询问作者何人。

父亲不明就里。

她接着诵读:“生,亦我所欲也;义,亦我所欲也。二者不可得兼,舍生而取义者也。”再问语出于谁。

父亲一时想不起来。

“爸爸呀,您怎么把咱俩的根本都忘记了?”

“怎么回事?”父亲一头雾水,大惊失色。

“这是孟子的名言。而且,您的名字,也来自他老人家啊。”

“哈哈哈……”纪友义恍然大悟。

渐渐地,这个善良可人的小姑娘,已成了家中的顶梁柱和主心骨!

二

2020年春节快到了,父母早早动手,鸡鸭鱼肉、蒸烤卤煮。

纪友义和妻子每天念叨啊,女儿哪天放假,哪天回家。从石家庄到秦皇岛的高铁,票价245元,太贵了,女儿从来不坐,而是乘坐81元票价的普通列车,但那需要八九个小时的行程。今年,父母反复催促女儿,一定要坐高铁回家。他们心急啊,他们已经大半年没有见到女儿了。

肖思孟早就预订了高铁票,并为爸爸妈妈和家人都准备了礼物。她还专门来到美发店,打理头发。

是啊,她刚刚26岁,正是爱美的年龄、恋爱的季节。她特意蓄养了几年的披肩发里,藏着内心深处甜蜜的期盼呢——等到当新娘的那一天,盘一个最漂亮的发型。

发梢轻烫微卷,空气刘海——她对自己的新发型十分满意,于是随手一张自拍,第一时间发给父母。

看着照片中娇美的女儿,父母的心里,甜蜜蜜的。

然而,就在肖思孟启程回家的前一天,本来春节值班的同事因家中有急事,不得不离开,单位里人手骤然紧张。看到这种情况,肖思孟略微犹豫了一下,便主动要求留下来——值班。单位领导,喜出望外。

她赶紧退掉车票,并给父母打电话,许诺元宵节一定回家。于是,爸爸妈妈,又开始眼巴巴地盼望元宵节。

鼠年春节近在眼前,新冠病毒突然偷袭!

农历腊月二十九,疫情重灾区——武汉市突然宣布关闭离汉通道。举国震撼,世界注目!

大年初一晚上,肖思孟值班。

凌晨5点,电话骤然响起,火急火燎。她以为是"120"接诊,接听之后却是护士长:"刚才接护理部主任通知,要组建医疗队赴武汉救援,现在开始报名,自愿参加。"

"护士长,我……报名!"她迟疑半秒,旋即坚定了语气。

"思孟,你不再考虑一下吗?"

"我刚才已经考虑过了!"

…………

当天中午,肖思孟接到通知:"你被批准去武汉了,下午2点30分集合出发!"

啊!太突然了,就像疫情一样让人猝不及防。

她匆忙回到住处,简单收拾衣物。

这是河北省派出的第一批援鄂医疗队!

可是,如何告知父母呢?他们身体虚弱,正苦盼着自己回家。肖思孟心中纠纠结结,颤颤抖抖,直到踏上南下的火车,才拨通电话。

纪友义沉默良久,嗫嗫嚅嚅地问:"孩子,必须要去吗?"

"我在火车上,已经开车了。"

"哦,既然这样,我和妈妈支持你。不过,千万千万要注意安全……"

三

第二天凌晨4点，医疗队抵达武汉。

从大巴车上向外望去，街头一片死寂，昏黄的路灯无精打采。影影绰绰的暗影里，似乎有无数伸头探脑的恶魔，正在居心叵测地打量着远道而来的北方来客。谁都不说话，空气黏稠凝滞，甚至连呼吸都格外小心，生怕一不留神，便会惹祸上身。

新来乍到的肖思孟，接受的第一项任务，就是培训。

培训从穿脱防护服开始。首先用消毒液清洁双手，然后佩戴防护帽、戴口罩、戴橡胶手套、穿防护服、戴护目镜、穿高腰鞋套、戴第二层口罩、戴第二层橡胶手套……

人被防护装具包裹得严严实实、密不透风，像茧中的蚕蛹。

而平时引以为豪的一头披肩长发，此时却变成累赘，总有几缕头发固执地露在防护帽外，只得高高地盘在头顶。可穿上连体防护服后，又感觉紧紧绷绷，如压重物，低头弯腰、举手投足，更是牵牵绊绊。

最危险的是脱下防护服的时候，长发失去束缚，猛然披散下来，屡次触碰防护服外部。如果在实战中，必然沾染病毒。

每一次穿脱防护服，都要耗费一个小时。

投入实战的前夜，肖思孟失眠了。

她，定定地看着镜中的飘飘长发。

之前，爸爸曾经开玩笑说，我闺女的这头秀发，价值千元。

然而，此时的“千金”长发，却突然变得怪异起来。

工作中的肖思孟

四

肖思孟进驻的武汉市第七医院，医疗条件和医护力量都比较薄弱。疫情暴发后，这里被开辟为定点救治医院，由武汉大学下属的中南医院接管。

医院共有 5 个病区，肖思孟被安排在第一病区，与另一名护士负责护理 16 位患者。

南北语境不同，方言各异，对他人的称呼也五花八门。

起初，她见到一位年长的男性患者，便按照北方习惯，上前亲热地称呼“大爷”。对方听罢，一脸茫然。原来，武汉人称年长的男性为“爹爹”、女性为“婆婆”。

与患者交流的障碍，还不仅仅是方言难懂，还有讲话时的声音。戴着两层厚厚的口罩，说话闷声闷气，语音不清。可是，如果声音过大，又戴着护目镜,患者看不到医护人员的表情,往往会误以为带有情绪,因而拒绝配合。

各种想象不到的困难,更是接踵而至。

以前肖思孟的双手多么灵巧啊,为患者输液、扎针穿刺,伸手一摸,就能探到对方的血管,眼疾手快,轻柔稳准。

可是现在,戴着两层橡胶手套,双手木然迟钝;加之穿着臃肿的防护服,身体笨拙得像木偶。

面前的婆婆已经70多岁了,连日输液,反复穿刺,血管瘪瘪。肖思孟伸手探摸,丝毫没有手感。

用眼睛看呢?护目镜镜片上结了一层薄雾,像隔着一层纱帘。

心急如焚!多年前第一次为患者穿刺的时候,也没有如此紧张。

突然,她发现护目镜镜片的边缘没有结雾,但宽度不足毫米。她竭力地歪斜着眼睛,向婆婆手腕处看去,果然看到了一条青色印记。

这不正是血管吗?!

随即,她屏气凝神,小心穿刺。可是,由于镜片边缘会产生光线折射,看到的位置与实际位置有一定偏差。

第一次穿刺,失败了。

她长长地吁了一口气,抱歉且柔声地对婆婆说:"您要相信我啊,不要动,不要动。"

然后,她再次俯下身,侧着脑袋,眼珠上翻,盯紧婆婆手腕处的血管,小心地将针头刺进去。刚进针的时候,她仍然没有感觉,随着婆婆的皮肤绷紧,慢慢进针,终于看见了回血!

成功了！

肖思孟这才感觉两眼酸痛。头发都湿透了，黏糊糊地粘在头顶……

患者多多，没有家属陪床。除了打针喂药、测量生命体征等治疗程序之外，他们的个人卫生以及吃喝拉撒睡，也完全由护士负责。

肖思孟与同事忙得团团转，只恨非孙猴，没有分身术。

然而，纵然如此，她却又不能着急，反而更要放慢节奏。

病房内不允许快速行走，以免搅动浮尘，也是为了避免防护服被器物刮破；脚步呢，又不能过于沉重，否则会磨破鞋套和防护服。

防护服破损，后果不堪设想！

因此，虽然工作繁忙，心急如火，但肖思孟只能耐着性子，轻手轻脚、小心翼翼、如履薄冰……

这就是经历啊，这就是磨炼呢。

每一步，都是成长，都在走向成熟！

五

飘飘披肩发，竟成烦恼丝。

肖思孟最终还是决定忍痛割爱，改留短发，甚至剪成“板寸”，也在所不惜！

可是，美发店全部暂停营业。询问工作人员，内部也没有剪发服务，仅有一把男士理发器可以借用。

肖思孟，彻底死心了。

她把眼睛一闭,对医疗队的一位同事说:“干脆,给我理光头吧!”

同事瞪大了眼睛,眼眶里翻动着一个个问号。漂亮女孩剃光头?这可是从来没有听说过的新闻。

“是的,我要剃光!”肖思孟的口气,斩钉截铁。

…………

秀发,缕缕飘落。

眼泪,簌簌而下。

收治患者不断增多,已有48名。

有一位胖胖的“爹爹”,下肢瘫痪,虽然用着气垫床,但两侧股骨头外围的皮肤,还是产生了不同程度的压疮。肖思孟除了帮他擦洗身体和定时换药外,每两个小时还要为他翻身一次。

然而,即便“爹爹”全力配合,可毕竟重病在身,下身又不听使唤,每次翻身时,肖思孟和同事都累得浑身是汗。

最让她力不从心的体力活,是更换氧气瓶。由于医院中心供氧压力不足,一些患者需要使用氧气瓶吸氧。

氧气瓶粗粗壮壮,个子比她还高,分量比她还重,她根本搬不动。她只能将其倾斜到一定角度,旋转滚动前行。

可是,平时老老实实的大钢瓶,一旦旋转起来,脾气顿时变得十分乖张。万一偏离“轨道”,瘦瘦弱弱的肖思孟,根本不可能“力挽狂澜”。倘若失控,惊扰患者事小,若是砸伤患者呢?若是刮破防护服呢?若是碰坏医疗器械呢?

不敢想！不敢想！

每换一个氧气瓶，肖思孟都是战战兢兢、汗如雨下。而一个班次下来，她常常要更换七八个……

2月8日，元宵节，这是肖思孟原定回家与父母团聚的日子。

当天晚上，纪友义一边帮妻子按摩腰部，一边收看中央电视台的《元宵特别节目》。

画面中，出现了一个戴口罩的光头小伙子。他瞥了一眼，不认识，便接着低头忙活。

此时，中央电视台节目主持人欧阳夏丹大声说："剪掉了自己一头长发的河北护士肖思孟，'90后'的你也许正引领着这个春天最时尚的发型……"

听到这里，纪友义与妻子猛然抬头。这才看出，电视上的"小伙子"，正是自己的宝贝女儿！

可是，自己的女儿，怎么变成了一个光头呢？

他这才明白，自从到达武汉之后，女儿没有发送过一张照片，自己一直在疑神疑鬼呢。实在没有想到，日日夜夜的牵肠挂肚、半个月来的撕心裂肺，今天终于见面，却是以这样一种眼球炸裂的方式。

夫妻两人，顿时号啕大哭。

六

一天晚上，肖思孟刚刚接班，就发现一位与自己年龄相仿的男性患者，意识不清，总是咬舌头，极易造成窒息！

测量生命体征，倒也正常。

为了平复他的情绪，肖思孟不断地安慰，可他只是眨眨眼睛。

是饿了吗？渴了吗？

肖思孟拿来流食喂服，他没有吞咽；又喂水，他竟然喝掉了。她得到了回应和鼓励，于是找来注射器，慢慢喂水。直到凌晨5点，这位患者才平静下来。

清晨，护士们开始为患者们抽血、抽血气、测量生命体征。肖思孟忙碌着，还时不时地走到这位患者身边，看一看、摸一摸，冲着他笑一笑。

但愿自己的笑容，能感染他。

从急诊部转过来一位“婆婆”，戴着无创呼吸机和导尿管。

大龄患者往往意志比较消沉，可这位“婆婆”却十分坚强、积极配合治疗，还不时地向她眨眼和点头。

那位上了呼吸机的叔叔，虽然病情严重、面色枯白、不能言语，但肖思孟每次护理，他的两眼中都会漾溢出感激的泪光，亮亮的。那是生命的火焰，那是新生的希望！

希望，是这个世界上最美好、最伟大的内动力。有了希望，一切都会好起来。

肖思孟和患者们，时时在相互地加油鼓劲儿呢。

…………

情况日见好转！

胖“爹爹”病情稳定，已经转入轻症病房了。

"婆婆"戴的无创呼吸机换成了高流量辅助呼吸机,并且取掉了导尿管。随后,高流量辅助呼吸机,又换成了氧气面罩。

那位同龄人的意识也逐渐清醒,可以长时间地睁开眼睛了。而那位上了呼吸机的叔叔,面色日渐红润,血氧量也趋于正常……

胆战心惊的一个多月时间里,病床始终处于饱和状态。

直到3月上旬,终于开始有空床了,一张、两张、三张……

一张张空床,像一张张笑脸,绽开在病房,绽开在每个人的心头。

…………

3月中旬的一天午后,下班了。

肖思孟在驻地宿舍里休息。她忽然发现,窗外阳光明媚,青青翠翠,一群小鸟啾啾鸣啭,兴奋而热烈。倾耳听去,还有布谷声声,悠扬且欢快。

楼下的花园里,各种各样的花儿们,也正在热烈地盛开。层层叠叠,粉粉白白,像朝霞,似晴雪,如婴儿的脸,若新娘的羞……

哦,来到武汉40多天了,却还没有来得及欣赏一下她的美丽。

她看着镜子中的自己,头发黑黑,蓬蓬勃勃,已长成"板寸",有一种说不出的刚健与挺拔。她用劲攥一下双拳,感觉浑身新添了一种别样的力量。

于是,她拿出手机,以武汉为背景,认认真真地拍起来。

春天来临了,战斗已取得了阶段性成果,头发也新生了,我要回家了。

她要选择几张最美的照片,发送给最亲爱的爸爸妈妈……

(2020年3月15日作于武汉市洪山区水神客舍1301房间)

铁人张定宇

创作背景

在武汉期间，我曾经先后两次采访金银潭医院院长，即那位众所周知的"渐冻症院长"张定宇，时间分别是3月1日下午3点至8点和3月17日下午4点至8点。

每次前往，我都感觉如同深入龙潭虎穴。

陪我前去的省委车队司机邱师傅，显然更小心，总是全身防护，特别是头上，戴着双层浴帽。进入医院后，我更感觉像是进入太空世界，因为所有人都穿得很厚，像宇航员，行动缓慢。

无疑，在这次轰轰烈烈的武汉抗疫中，金银潭医院是"枪声"最密集的桥头堡。这里，累计收治了2220名新冠肺炎确诊病人，其中包括全市大多数危重症患者。

这里，还聚焦了一个举世关注的人物。

他，就是身患渐冻症的铁人院长张定宇！

铁人，并非仅仅形容他的意志刚强如铁，还因为他的形象。由于病情严重，双腿僵硬，犹如铁具……

一、山雨欲来

2019年12月27日晚上7点。

他像往常一样，逗留办公室。

傍晚，通常是他的黄金时间。大家都下班了，再没有人来人往，再没有电话喧闹，整个楼层，像空山一样静谧。沏上一杯茶，静心地处理文件、细心地翻阅报纸、安心地回复微信，既结清了当天事务，又避开了堵车高峰。7点30分，大街宽敞了，开车回家，回归自己的小生活。那里，是妻子热腾腾的饭菜和甜蜜蜜的微笑。

秋冬交替之后，是呼吸道疾病和常见传染病高发期，可今年格外稀少。虽是好事，却也有些失常。因为暖冬？但他总有一种莫名的不安，感觉要发生什么。于是，今天邀约业务副院长黄朝林留下，聊。

真是说曹操，孟德到。刚刚打开话题，手机响了，本市同济医院一位专家。

对方语气急迫，有一个不明原因肺炎病人，肺部呈磨玻璃状，疑似一种新型传染病。对方还透露，第三方基因检测公司已在病例样本中检测出冠状病毒RNA，但该结论并未在检测报告中正式提及。鉴于这种情况，询问是否可以将病人转诊过来。

心底，一道闪电掠过。

他所在单位是武汉市唯一的传染病专科医院。相关法律规定，传染病要定点集中治疗。

“你们做好准备，我马上通知值班医生，带车接人！”

可一会儿后，对方又打来电话，病人死也不愿转院。

哦，又是这种情况，总有病人忌讳“传染病”三个字，望而止步。

他叹息一声：“那就做好隔离工作，紧密观察吧。”

虽然患者没有过来，但他的内心，已经风起浪涌。

他当即联系刚才提到的那家第三方检测公司。经反复沟通，对方将未曾公开的相关基因检测数据发送到本院合作单位——中科院武汉病毒研究所，进行验证。

几个小时后，初步基因比对结果提示：一种类似 SARS 的冠状病毒！

12 月 29 日下午，湖北省疾控中心来电，省中西医结合医院出现 7 名奇怪的发烧病人，所述病状与前者类似。

心头，一阵惊雷响震。

他马上吩咐黄朝林副院长亲自带队，前往会诊，并叮嘱务必做好二级防护，出动专用负压救护车。最后，他又严正强调：每个病人单独接送，一人一车，不要怕麻烦！

就这样，小心翼翼、战战兢兢，直到深夜 12 点左右，他们才把病人陆陆续续地送入本院南七楼重症病区。

他的双腿，禁不住颤抖起来。

他隐隐约约地意识到，一场战斗就要来临了。

但是，善良的人们啊，幼稚的人类啊，这哪里仅仅是一场战斗，而是一场战役，一场近百年来人类遭遇的影响最大的瘟疫战役。而他的脚下，便是这场战“疫”最惨烈的高地。

他，张定宇，武汉市金银潭医院院长！

…………

二、我本医生

张定宇，1963年12月出生于武汉市汉正街。小时候，他跟着哥哥，跑遍了这里的每一条街巷，体味着老汉口的繁华。1981年，他考入华中科技大学同济医学院医疗系。

他虽然学医，却也无奈疾病。大学期间，最亲爱的哥哥竟然患病而亡。凶手，是一种名叫流行性出血热的传染病。

这，是他生命中永远的痛。

医学院毕业后，他进入武汉市第四医院，成为一名麻醉科医生。

个头不高、浓眉大眼、身材清瘦、医术精湛，说话办事风风火火，严肃认真从不服输，这是他留给所有人的深刻印象。

出色的表现，使他成为组织重点培养对象，从医生、副主任、主任、院长助理，直到副院长。

在这里，他还遇到爱情。妻子程琳，武汉卫校毕业，本院护士。贤惠的妻子，无微不至地护理着他和全家人。哥哥离世后，他成为家中独子。父亲病故后，母亲跟随他生活。婆媳亲好，宛若母女。

2013年12月，张定宇调任金银潭医院院长。

几年前，金银潭医院由本市3家具有传染病业务的医疗单位合并而成。相比许多综合型医院，金银潭医院业务单调，而且人心涣散，还有职工上访，使得原本的冷清愈发惨淡。截至他上任之时，金银潭医院各种外欠款达1.6亿元，年亏损2000万元。

虽然如此，他却没有过多灰心。

别人不知道，他与传染病，有着特殊"缘分"呢。那就是当年哥哥的早逝。那似乎是一种不共戴天之仇。

针对医院的不景气状况，他开始尝试各种探索、多方突破。

专科医院？综合医院？创伤中心？肝移植技术？后来，思路逐渐明确：还是立足传染病业务。这才是正路，这才符合武汉人民的根本利益！

于是，他下定决心，立足初心，在原有基础上加强管理、全面提升、重点突破。

第一个突破点，便是把艾滋病防控工作争取过来。法律规定，法定传染病由各地传染病医院负责。但是，由于种种原因，原来这方面业务大都挂靠在市疾控中心，颇不顺畅。张定宇多方努力，终于捋顺关系。艾滋病业务的回归，虽然并不能带来经济效益，却进一步确立了本院在区域传染病界的影响和地位。

同时，张定宇针对传染病治疗的关键难点，引进一系列先进设备，全面提高治疗水平，吸引广大病员。

最精妙一步，就是费尽千辛万苦，建立了GCP平台。

什么是GCP呢？

简言之，就是新药试验平台，即医疗单位取得药物临床试验机构资格后，可在国家支持下，对所有预上市新药进行系统且缜密的试验确证。这是一套庞大的系统工程，需要专业团队和设备，以及结构合理、人数众多的志愿者队伍。当然，在整个过程中，如果表现良好，就自有经费补贴。而他们打造的平台，在全国评比中，名列第二。

短短几年时间，金银潭医院便发生根本改变，不仅还清全部外债，而且年节余 2000 万元。

年近六十。就这样再干几年，光荣退休，然后享受生活，无悔无憾，此生足矣。

他万万没有想到，个人的灭顶之灾，悄然降临！

他更加没有想到，人类的弥天大祸，骤然而至！

三、"冠寇"

12 月 30 日，市疾控中心相关人员来到金银潭医院。他们反馈，已收治的 7 名患者的检测结果显示，所有已知病原微生物，均为阴性。

张定宇大吃一惊。

"你们取什么检测？"

"咽拭子。"

咽拭子取样是在上呼吸道，而肺炎病人的感染已经抵达肺叶。

"不行，马上做肺泡灌洗！"

张定宇立即通知纤支镜室主任，采集患者的肺泡灌洗液样本，火速分送省疾控中心、中科院武汉病毒研究所检测。

当天下午 5 点，标本采集完毕。

3个小时后,初步结果出现:病原体均呈阳性!

重大疫情,天崩地裂。急如星火,上报北京!

第二天清晨,国家卫健委派出的工作组和专家组,乘坐第一班飞机,抵达武汉。

专家组来到金银潭医院,会诊病人和研讨相关影像资料。同时,相关人员进行流行病学调查。

调查显示,区域病原地聚集于一个地方——华南海鲜批发市场!该市场,位于江汉区发展大道207号,是华中地区规模最大的水产批发市场。虽名为海鲜市场,却含有不少野生动物交易,活宰现买,生意火爆。

当晚,武汉市卫健委10楼会议室,灯火通明。

专家组向国家卫健委派驻武汉市工作组汇报临床观察意见。

这次会议的一个最为紧要的任务,就是分析新发疾病,抓紧商议制定一个诊疗方案;同时,商定关闭华南海鲜批发市场。

会议开到第二天凌晨3点30分。

真正的跨年会议!

1月1日早晨8点,检测人员紧急赶赴华南海鲜批发市场,针对病例相关商户及相关街区,集中采集环境样本515份。

上午10点,江汉区市场监督局和卫生健康局联合发出《关于休市整治的公告》,显示了中国方面的高度自觉和高度责任!

非常举动,令人瞠目结舌!

“疫氛”汹汹,谁为元凶?

全新恶魔,无形无影!

2020年1月3日,4家权威科研单位对病例样本进行实验室平行检测,初步评估判定为不明原因病毒性肺炎病原体。

疫情真凶,始现真容。

1月10日,紧急研发的PCR核酸检测试剂盒运抵武汉,用于现有患者的检测确诊。

12日,这种全新疾病被正式命名为“新型冠状病毒感染的肺炎”!

四、最危难时刻

1月3日,金银潭医院已新开两个病区,转入50多名病人。

同时,金银潭医院紧急采购呼吸机、监护仪、输液泵、体外除颤仪和心肺复苏设备。每个楼层,大致准备25台呼吸机和25台输液泵。

1月5日,病人已达100余名。

查房时,张定宇猛然发现一个问题。病人自费用餐,非但标准不高、营养不全,而且任由剩饭剩菜裸放床头。保洁员束手无策,不便清理。

这是一个巨大隐患。

他马上下令,即日起,所有病员餐饮费用由本院负担,标准与本院干部职工相同,且全部统一送餐,统一保洁!

众人大为错愕。

特殊时期,不算小账!

形势越来越紧张。

正在这时,金银潭医院的50多名保洁员不辞而别。

怎么办?

护士和行政人员顶上!

第二天,18 个保安也全部主动离岗。

怎么办?

生死关头,不能回头!

所有后勤人员,全部上前线！送餐、保洁、保卫!

…………

在此期间，张定宇紧急招聘多家外部工程队，聚合院内所有人力物力,日夜苦战,用最快速度将全院 21 个病区全部改造完毕、消毒完毕、布置完毕。

大战之前,这是一个多么艰巨的工程!

事后证明,这是一个多么英明的工程!

最关键时刻,张定宇身边两位重要人物,先后“中箭”。

妻子在武汉市第四医院门诊部负责接诊，虽然百倍注意，但还是感染。听到确诊消息,张定宇眼前一黑,瘫倒在地。

他已经好多天没有回家了,现在更是分身乏术,不能前往探视。

仅仅几天之后,他在工作上最倚重的战友——业务副院长黄朝林,也不幸感染,且是重症。

无奈的张定宇,愤怒的张定宇,疲惫已极的张定宇,擂墙痛哭。

此中悲痛,此中心焦,如坐针毡,如火焚烧!

别无选择,别无选择,他只有拼命地工作,拼命地工作,把所有的措施补防到位,把所有的预案准备到位;同时,仰告苍天,赶紧收回这一团邪火吧!

每天晚上,他都要闭眼、面壁,单腿直立半小时。

是在祈祷吗?

当然不是!

五、除夕夜

大年三十,除夕夜。

傍晚 7 点,办公室。

吃过盒饭饺子后,张定宇突然想起,要与病房里的妻子视频,说几句安慰话。这个可怜的女人啊,为我付出了一切,现在身染重病、生死未卜,不仅没有得到我的探望和照顾,对她连几句暖心的电话问候也少之又少啊。

想到这里,张定宇心如刀割,五内俱崩,禁不住泪流满面,哽咽失声。

他擦擦眼泪,使劲摇晃麻木的脑仁,终于想出了几句温柔话。可刚刚开始酝酿情绪,电话响了。

紧急通知,解放军陆海空 3 支医疗队共 450 人,已分别从上海、重庆、西安三地乘军机星夜驰援,3 小时后降落。其中,陆军军医大学 150 人的医疗队,将直接奔赴金银潭医院。

少顷,电话再响:上海医疗队 136 名医护人员也将进驻,凌晨 2 点抵达!

“好!好!马上布置,马上迎接!”他挺直身体,像军人一样。

他放下电话,急速召集人马,分头行动,再次冲锋。

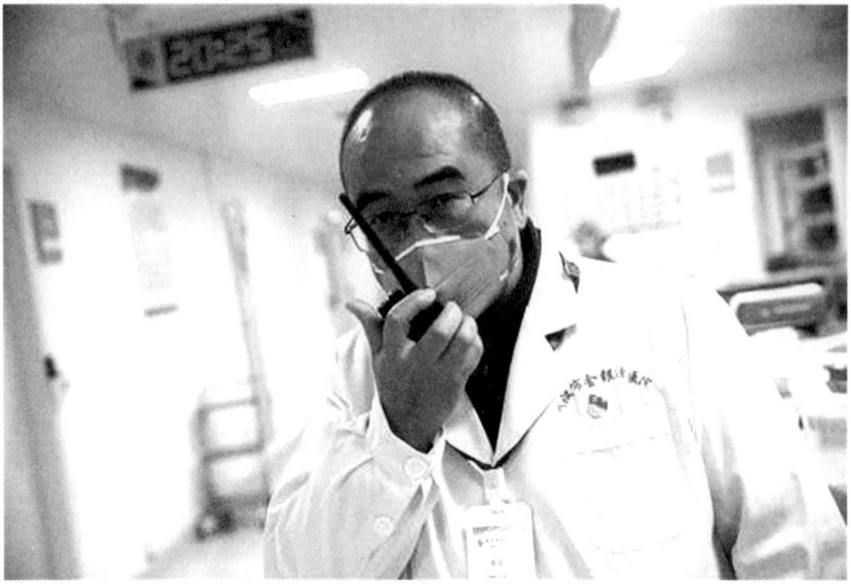

铁人张定宇

真是武汉有幸、天道垂青。前些天,他已经抢在大疫降临之前,把全部病区规划改造完毕。若非,事到临头,火烧眉毛,如何来得及?!

想到这里,张定宇心底涌上一阵莫名的自豪。他伸出大拇指,狠狠地为自己点一个大赞!

的确,张定宇提前完成的这一系列改造工程,太果断了,太给力了。

这才是政绩,这才是官德。

这,才是一个基层干部真正的守土有责!

…………

安顿医疗队住下,已是凌晨3点。

日历悄然翻至1月25日,大年初一。

正是全国人民万家团圆的欢乐之夜。国人看完春节联欢晚会之后，大都进入了甜美的梦乡。

可他，和他的战友们，却不能停下啊。他们要立即清洁消毒、摆放物品，为即将进驻的医疗队最快投入战斗做好全部准备。

1月26日下午1点，陆军军医大学医疗队接管2个病区。

下午2点，上海医疗队入驻另外2个病区。

截至当晚11点，金银潭医院已累计收治重症患者657人。

火线48小时，张定宇兵不解甲、马不停蹄！

六、铁与冻

金银潭医院的空气中，溢满了浓浓的消毒水味道，像硝烟，似雾霾。

楼道里，大家时时看到他跛行的身影，常常听到他呼吼的声音。

只是，他的嗓门越来越亢奋，脚步却越来越迟缓了。僵硬的双腿，如假肢，似高跷，若机械，像铁具。

上楼时，他必须用双手紧握栏杆，用力地拉！拉！有一次，走着走着，他居然扑倒在地，好久站不起来。

1月28日早上8点，全体病区主任见面会。

简短地汇报工作后，大家准备各就各位。这时，他破例地要求大家留下，似有话说。

大家颇感意外。

而他，却又抓耳挠腮、吞吞吐吐，足足1分钟。

众人惊奇了、纳闷了。这完全不是他的作风啊，从来没有见他如此局促啊。

他停顿一下，慢慢张口。

“兄弟姐妹们，事到如今，我也不得不说了。再不说，可能就要耽误大事。”

大伙猛然瞪大眼，眼神里翻动着一串串惊疑的问号。这些年来，单位由乱到治，由弱到强，发生了太多太多细细碎碎而又轰轰烈烈的事情。对于这些，大家都已经习惯了，只要有他在，便没有什么大事。就像现在，天大的事，不也是他在硬挺挺地支撑着吗？难道……

“我的身体出了问题……”仍是嗫嗫嚅嚅，继而，他终于说出，“我得了……渐冻症！”

什么？什么?!

所有人，面部全扭曲，表情全凝固。

“是的，渐冻症，前年确诊！”他缓缓地却是平静地说，“医生告诉我，或许还有六七年的寿命。现在，我的双腿已经开始萎缩……”

渐冻症，即运动神经元病（Motor Neuron Disease，简称 MND），属于人类罕见病。此病多为进行性发展，其病变过程如同活人被渐渐“冻”住，直至身体僵硬、失去生命。更重要的是，这种怪病，现在无法医治。

在座的都是医生，谁不明白呢？

联想他这些天来的异常行动，大家恍然大悟。

张定宇沉默少许，接着说：“我向各位兄弟姐妹道歉啊。这两年，我脾气不好，批评你们太多，你们都受委屈了！现在，我的时间不多了。在这最后的日子里,我必须跑得更快,才能跑得赢时间;我必须跑得更快,才能抢回更多病人;我必须跑得更快,才能和大家一起,跑出病毒魔掌。现在,形势万分危急。我们要用自己的生命,保护武汉,保护武汉人民,保护我们的城市!”

说完,他用尽全身力气,站起来,一跛一拐地走向前台,双拳相抱,深鞠一躬:“拜托大家了!”

所有人,捶胸顿足,号啕大哭!

…………

白衣执甲,冒死前行!

最疲惫的时候,最痛苦的时候,他就仰躺在办公室沙发上,与妻子聊天。一是问候,二是排解压力。

“疫情过后,我要陪着你,好好休息。”

“咱俩相差5岁,正好可以一起退休。到时候,我给你一个人当护士,你给我一个人当院长。”

“只是我脾气不好、急躁、不服周(湖北方言,不服输的意思),老毛病改不了。”

“这才是武汉人。犟脾气2000多年了,怎么能改变?这是基因,也是病毒,一代代传染。”

“不要提病毒,不要提传染。我不想听!”

“好吧,好吧。张院长伟大,张院长敢干。在张院长领导下,汉正街永远正,长江水永远清,金银潭永远风平浪静。”

“哈哈哈哈……”

笑着笑着，却没有声音了。

再听，却是一阵阵呼噜声。

他睡着了……

七、灵丹妙药

如何提高治愈率？如何降低死亡率？

在张定宇主导下，金银潭医院采取了多种治疗方法，比如大量补充氧疗设备，在病房里尽量多地匹配氧气面罩、高流量给氧装置、体外膜肺氧合（ECMO）等。

但仅有这些常规“武器”，还不行啊。

探讨新路！

他们在国家专家组指导下，根据病情给予鼻导管氧疗、高流量湿化氧疗、无创通气治疗、气管插管呼吸机辅助通气治疗等疗法，同时酌情给予抗病毒、抗感染、抗炎、抗休克治疗，纠正内环境紊乱、纠正酸碱平衡失调等治疗。

还有血浆疗法。

大部分患者康复后，体内会产生一种特异性抗体。这种抗体可有效杀灭病毒。目前，在缺乏疫苗和特效药物的前提下，采用这种特免血浆制品治疗，可以增加重病患者存活的机会，也可以为医生的救治争取更多时间。

张定宇妻子康复后，经过身体检查，符合捐献血浆的条件。2 月中旬，她来到丈夫所在的金银潭医院，捐献 400 毫升血浆。

很快，在国家卫健委发布的《新型冠状病毒肺炎诊疗方案（试行第六版）》中，赫然增加"康复者血浆治疗"一项。

遗体解剖，无疑是寻找致死根源的最直接途径！

目前，医学对新冠肺炎感染、致死的病理机制认识不够，也没有对症特效药。通过遗体解剖，我们可以最快地掌握和判断其传染性和致病性变化规律。

金银潭医院的第一个死亡病例出现在1月6日。

在ICU外，张定宇耐心地与患者家属沟通将近一个小时，试图说服对方同意对逝者尸体进行解剖，但是，没有成功。

后来，凡有病亡者，他都会走上前，真诚地哀悼之后，便是苦口婆心地劝说家属："我们知道凶手是谁，但它到底如何行凶，我们需要知道。只有这样，才能挽救生者。请您理解，请您配合啊……"

终于，有家属同意了。

2月16日，第一例、第二例患者遗体解剖工作在金银潭医院完成。10天之内，他们共完成12例。

由解剖获得的直接数据，有望给未来的临床治疗提供有力依据！

…………

疫情发生后，科技部紧急启动针对该病毒的应急科研攻关项目。金银潭医院承担的多个临床研究项目也陆续启动，涵盖优化临床治疗方案、筛选抗病毒药物等亟须解决的问题。

张定宇当初建造的GCP新药平台，真是神奇的伏笔啊。

在武汉前线的几位院士、教授和相关科研人员，迅速在这个平台上展开了克力芝、枸橼酸铋钾、瑞德西韦等药物的临床研究。

各种武器，一齐开火，从乱枪打鸟，到精准射击……

八、最后的战斗

2月9日，已经超负荷运转43天的金银潭医院，再次接到收治一批危重病人的紧急任务。

21个病区，每层楼都在走廊添加10至14张病床。

这天晚上，这里又吃力地接纳了256个危重症病人！

每天每天，这里都是如此的节奏啊。

而调动整个医院运转的张定宇，无疑是其中最忙碌、最伤心而又最坚定的那个人。

萎缩的双腿，不时疼痛，好似抽筋。最剧痛的时候，必须单腿站立，把全身重心压迫到一条腿上，连续站立半小时左右，才能缓解。满头大汗、浑身颤抖、咬牙切齿、气喘如牛。

当然还有他的战友们，那些可敬的勇士们。在那些漫长的日子里，他们有家不能回，大都寄宿在自己的汽车里。

“汽车宾馆”，就是他们战火中的家！

魔高一尺，道高一丈！

整个武汉市，都是这般火热啊！

在中共中央的统一指挥下，来自全国各地的医务工作者、志愿者和各界爱心人士，和武汉本土战士并肩作战，在“疫氛”滚滚中，共同筑起了一道道血肉长城，抗击疫魔！抗击疫魔！

日日夜夜、黑黑白白、风风火火、铿铿锵锵。

希望之光、胜利之光，就这样吃力地从最初的慌乱和暗淡中走出，走向黎明、走向日出……

2 月 21 日，金银潭医院收治患者 13 人，出院 56 人。出院人数首次超过入院人数。

黄朝林副院长在病情加重持续 10 天后，也稳定了。最终，他重获新生，并于 3 月 2 日回归作战队伍。

…………

在这一阶段的抗疫过程中，金银潭医院的 820 张病床，累计收治了 2220 名病人，其中包括全市大多数危重症患者。

而金银潭医院的勇士们，在与病魔决斗的同时，也最大限度地保护了自身。作为战斗最激烈的桥头堡，这里只有 9 名医护人员感染，且全部治愈。

这，实在堪称奇迹！

张定宇和他的战友们，用最大的努力和最小的牺牲，成为保护这座城市的主力军！

九、“肺言”

一场大战,正在收兵。

虽然惨烈,却已取得阶段性胜利!

张定宇,已经近3个月没有休息了。

3月下旬之后,他偶尔回归了原来的节奏:晚上7点钟下班。

他,终于可以回家了。家里,有妻子热腾腾的饭菜和甜蜜蜜的微笑。

生活,如此美好;生命,如此温馨。

只是这样的美好和温馨,太有限了!太有限了!

但是,无论如何,现在的他,已经释然,足以欣慰。

因为,他问心无愧。无愧于这家医院!无愧于这座城市!无愧于这个国家!

但是,作为传染病专家,他想通过这场新冠肺炎疫情之战说出自己的“肺言”——肺腑之言:

未来世界,瘟疫将是人类面临的最大敌人,是比核武器更大的威胁。

人类,必须改变生存方式,进一步与自然和谐相处。若非,走了“非典”,来了“新冠”。“新冠”之后,还有新患……

我的祖国、我的武汉、我的亲人,我爱你们,祝你们康宁恒好!

(2020年3月26日作于武汉市洪山区水神客舍1301房间)

金银潭

创作背景

《铁人张定宇》是应《人民日报》之邀的作品。由于篇幅所限，只有7000多字。创作的同时，我感觉还有很多素材没有使用。正在这时，《中国作家》杂志也约我写一写张定宇。于是，我便又开始构思创作《金银潭》。在写作时，我扩大格局，加入细节故事和文化背景，搭建了一个中篇的框架，以备将来再写一部长篇。

张定宇给我的印象是，个头不高，眼睛眯缝，似乎没有睡醒，特别是走路跛脚，十分明显。

我们的谈话地点是他办公室隔壁房间。其间，他一直在接电话，我们几乎无法正常交谈。傍晚时分，办公室人员端来两个盒饭，说吃饭后再谈吧。果然，饭后，电话少了，他才开始完整地讲述一些故事。

张定宇是一个典型的武汉人，直爽干脆，脾性暴烈，喜怒不掩，表里如一。他自言对行政级别从来没有设想过，只想干自己情愿的事情，那就是当一个真正称职的医生或院长。他自嘲不是当“官”的料，因为不会签字，签字像“鸡扒”。他还告诉我，酒桌上，一旦喝几杯酒，往往会言语失控，批评人或指责人，惹得对方不愉快。所以，近几年，他极少参加别人热衷的酒席或聚餐，下班后就回家。

无疑，在这次轰动世界、震撼人类的武汉抗疫中，武汉市金银潭医院是"枪声最密集"的主战场。

李春雷在金银潭医院门口

因为，它是武汉地区唯一的省市共建的传染病专科医院，是疫情期间收治危重患者最早，也是最多的医院，先后收治危重患者达 2220 名。

但同时，这里又是诞生奇迹的地方。

据媒体报道，武汉市几家主要医院均有为数不小的医务人员感染或牺牲，而这里，却只有 9 名医护人员感染，且全部痊愈。

这里，还曝光了一个举世关注的人物。这就是那位身患渐冻症的铁人院长张定宇。

说他铁人，并非仅仅形容他意志刚强如铁，主要是因为他的形象。由于病情严重,他的下肢已经机械化,双腿僵硬,犹如铁具。

可以说,正是有这位铁人,才保证和提升了金银潭抗疫胜利的质量。

2 月底和 3 月上旬,大疫未歇。笔者先后两次身着防护服,走进这个抗疫主战场。

在这里,有一个细节令我印象深刻。由于市内交通暂停,我的采访不得不依靠当地一辆具有特殊通行证的公务车。每次出发,司机都是严加防护,连头部也包裹两层浴帽。我上楼采访,他就留在车上,关紧门窗,决不外出,连小便也在车上解决。我采访结束,上车之前,他都会用一把喷壶,把我浑身前前后后、上上下下全喷上酒精,最后,再让我抬着脚,把鞋底也“扫荡”一下。

为作者采访服务的司机在为其鞋底消毒

在采访中,我和若干当事人一起,回忆了那惊心动魄的一幕幕。

我也惊奇地发现,这个过程中的张定宇,远非大家想象中的英雄模样。他有着特殊的粗糙、特殊的痛苦、特殊的作风、特殊的绝望。这其中,有太多的遗憾、太多的沉思、太多的启示。

哦,金银潭水深千尺……

张定宇(图左)与李春雷(图右)的采访现场

公元 2020 年 12 月 27 日晚上 7 点,他像往常一样,仍然逗留办公室。

每个傍晚,通常属于他的黄金时间。大家都下班了,再没有人来人往,再没有电话喧闹,整个楼层,像空山一样静谧,像森林一样深沉,供他一人独享。沏上一杯茶,静心地处理文件、细心地翻阅报纸、安心地回复微信,既结清了当天事务,又避开了堵车高峰。7 点 30 分,大街上宽敞了,开车回家,回归自己的生活。

秋冬交替之后，是呼吸道疾病和常规传染病的高发期，每年都会掀起一轮热潮，病人盈门，可今年（2019 年）格外稀少，不足往年的二分之一。这虽然是好事，却也有些不正常。因为暖冬？但他总有一种不安，感觉要发生什么。近几天，隐隐约约地听说，社会上有一些关于这方面的敏感声音，却又没有确切来源。于是，今天，他特别邀约本院负责业务工作的副院长黄朝林留下来，商谈一下。

几年来，这位 1971 年出生的专家型副院长，是他工作上的得力助手，是他无话不谈的好朋友。

无话不谈吗？是的，却又不是。只有一件事，必须对他保密。

真是说曹操，曹操到。他们刚刚打开话题谈论传染病，手机响了，是武汉市同济医院的一位专家。

对方语气急迫，说有一个不明原因的肺炎病人，肺部呈磨玻璃状，疑似一种新型传染病。对方还透露，第三方基因检测公司已在病例样本中检测出冠状病毒 RNA，但该结论并未在检测报告中正式提及。鉴于这种情况，对方询问是否可以将病人转诊过来。

他所在单位是武汉市唯一的传染病专科医院。国家相关法律规定，传染病要定点集中治疗。

霍然，心底一道闪电掠过。

他马上回复“稍等”，随即拿起座机，拨通北京地坛医院一位专家朋友的电话，进行咨询。对方听完讲述后，劝他接受病人，并提醒他检测时注意会不会是 SARS 的变种。

“你们做好准备，我马上通知值班医生，带车接人！”他通知那位专家。

可一会儿后,对方又打来电话,说病人死活不愿转院,做不通工作。可能因为这里是传染病医院,病人多有顾虑。

哦,又是这种情况,总有病人忌讳,望而止步。

他叹息一声,只好嘱咐:"那就做好隔离工作,紧密观察吧。"

…………

12 月 29 日下午,湖北省疾控中心来电说,省中西医结合医院出现 7 名奇怪的发烧病人,所述病状与前者相仿,其中 4 名是华南海鲜批发市场的经营人员。

他惶恐失色,如临大敌,马上吩咐黄朝林副院长亲自带队,前往会诊,并叮嘱务必进行二级防护,出动专用的负压救护车。最后,他又特意要求:每个病人单独接送,不要怕麻烦!

就这样,小心翼翼、战战兢兢,直到深夜 12 点左右,他们才把病人陆陆续续地送入本院南七楼重症病区。

他的右腿,禁不住地颤抖起来。

他隐隐约约地意识到,一场战斗,就要来了。

但他万万没有想到,这哪里仅仅是一场战斗,而是一场战争,一场人类规模和范围空前巨大的抗疫战争,波及全国、全世界,而他的脚下,便是主战场!

他,就是张定宇,武汉市金银潭医院院长!

…………

一、我本医生

武汉有一句特色方言:不服周。

此语来源于春秋时期。当时,以湖北为中心的荆楚,地处偏远,被称荆蛮,自强之后,率先称王,颇不服周天子,曾击败周朝联军,致使周昭王溺毙。后来,楚虽被秦所灭,但仍不服,放出话来“楚虽三户,亡秦必楚”。项羽反秦,也自封西楚霸王。可见,楚人性格里潜伏着一种不服周,即不服输的基因。

张定宇,便是典型的武汉人。

他,1963 年生于汉正街,工人家庭,兄妹三人。从小,他就坐在长他 5 岁的哥哥的自行车上,跑遍了周边的每一条街巷,体味了老汉口的繁华。1981 年,他考入华中科技大学同济医学院医疗系。

他虽然学医,虽然好胜,却也斗不过疾病。在他大学期间,最亲爱的哥哥竟然患染肾病去世。凶手,则是一种名叫流行性出血热的传染病。

这,是他生命中永远的痛。

医学院毕业后,他被分配到武汉市第四医院,做麻醉科医生。

个头不高、身材清瘦、浓眉大眼、医术精湛,说话办事风风火火,严肃认真从不服输。这是他留给所有人的深刻印象。

在这里,这个好强的“楚人”,开启了自己的从医之旅。

1997 年,湖北省医疗系统有一个援助非洲项目,条件艰苦。他主动报名,前往阿尔及利亚 2 年。

2002年前后，他攻读医学博士学位。

2003年“非典”时，他正在担任武汉市第四医院下属一个分院的院长。面对汹汹疫情，他镇静自若，仿照传染病医院要求，建造三区两通道、发热门诊、留观区等。那是他人生第二次感受到传染病的威胁。

2008年5月，汶川大地震后的第三天，他就带领一个20多人的医疗队，赶到重灾区什邡市，参加现场救治，用最快的速度进行四五台手术，而后，陆续把数十名重伤员转运到武汉。

2011年，他通过严格考试，参加了全球著名的国际公益组织“无国界医生”活动。参加者除具有高超医术外，还要懂英语、法语和热带传染病学的相关知识。已取得麻醉学博士学位的他，过五关斩六将，顺利通过测试，成为中国第二位、湖北第一位“无国界医生”。而后3个月，他为巴基斯坦西北边境的蒂默加拉医院提供了支援服务。

2012年春节凌晨，他正在当地医院值班，突然被一阵电话铃声唤醒。一名产妇子宫破裂出血，急需抢救！他匆匆赶到手术室，快速麻醉病人，稳定病人血液循环。不到30分钟，一个男婴呱呱坠地。

紧接着，另一个剖宫产病人转入手术室，非常危险。他赶紧给产妇侧卧位做腰麻，而后，面罩给氧、维持呼吸、做气管插管，同时输液。当地医疗条件落后，医生们手忙脚乱。在他的率领下，“战斗”1个小时，手术室里再一次响起了婴儿的啼哭声。

精湛的医术、宽阔的视野、果敢的作风、爽直的性格，使他成为组织的重点培养对象，从而一步步走上医院行政岗位，从普通医生走到医务处副主任、主任、院长助理，直到副院长。

在这里，他也收获了爱情。

妻子程琳，武汉人，小他 5 岁，武汉卫校毕业，在本院任护士。他们 1992 年结婚。在以后的日子里，贤惠的妻子发扬伟大的“南丁格尔”精神，无微不至地护理着全家人，一直默默而耐心。哥哥病故后，他成为家中独子，所以父亲去世后，母亲跟随他生活。现在婆媳亲好，宛若母女。

在这里，他不仅遇到了爱情，更坚定了信仰。

说到这里，可能某些读者会有一些反感。在这个现实、物质的社会里，若谁还在高谈信仰，简直是虚伪。但我要说，这个社会上，总是有一些人把信仰当作生命。的确，人皆肉身凡胎，都不免俗。但仍是有一些人，信仰至上、克己慎独，把庸俗的欲望压抑到最低，高超于法律和道德底线之上。这，才是真正的社会中坚。

比方，当时张定宇的主管领导，一位段姓副院长。

这位段副院长，负责基建和财务，却真正地干事干净，公正透明，绝不沾染社会上的歪风邪气:“深孚众望，让他景仰不已。有一天，他问为什么这样。段副院长说:“我是一个副处级干部，比全武汉三分之二的人收入要高，生活、医疗都有保障。国家给我如此条件，我心怀感恩，只有无私地报答。这种报答，就是实实在在地干好工作。只有这样，我才能对得住国家，也对得住内心。这才是生命的价值和最大的快乐。”

段副院长还告诉他，作为一个单位或部门负责人，永远不要想着在经济上占便宜。固然，人都有私心。当领导，最大的私心、最大的好处，就是可以按照自己的规划和设想，实现自己的愿望，从而寻找到自己的成就感、满足感。当然，所有的愿望，必须代表单位或部门的根本利益，否则就是自私,就是犯罪!

段副院长有一句口头禅:半夜不怕鬼叫门,两袖清风最潇洒!

段副院长,虽然只是一位普通的副处级干部,但在张定宇心中,他是一位精神导师,是一座巍峨大山!

当时的张定宇,热血沸腾,暗暗下定决心。如果有机会,自己一定要做这样的人!

2012 年 9 月,组织安排他到武汉市血液中心担任主任。由于种种原因,当时采供血总量严重不足,时时闹血荒!

他上任 3 个月,便把当年任务补齐,一扫从前阴霾。

第二年春天,一切向好。他又积极筹划,设计了诸多蓝图,扎扎实实地去实现。他风风火火,有思路,喜欢干事。

干事,就是干事业。把一个岗位的根本利益与自己的生命联系起来,神圣崇高,其乐无穷,出生入死,在所不辞!

作为血液中心主任的他,第一次体会到段副院长的人生境界。

他的理想主义的火苗,就这样开始熊熊燃烧了。

这个时代,最终也给了他燃烧的氧气和天空!

可当年年底,他的岗位再次调整了。

2013 年 12 月 31 日,他调任金银潭医院院长。

二、"冠寇"

其实,12 月 27 日晚上,武汉同济医院的病人拒绝转诊后,张定宇已有警觉。他没有放弃,而是当即开始了调查和研究。

他当晚就联系到那家第三方检测公司。通过反复沟通,对方将未曾公开的相关基因检测数据发送给本院的合作单位——中科院武汉病毒研究所,进行验证。

初步基因比对的结果显示,这是一种类似 SARS 的新型冠状病毒。

所以,12 月 29 日,当黄朝林副院长带队前往湖北省中西医结合医院进行会诊并接送患者时,张定宇反复提醒,注意防护。

30 日,武汉市卫生健康委、市疾控中心相关人员来到金银潭医院。他们向张定宇反馈,已收治的 7 名患者的检测结果显示,所有已知病原微生物均为阴性。

张定宇心内惊悚,感觉怪异。

必须搞清楚,若非将埋下隐患!

“你们取什么做的检测?”张定宇问。

“咽拭子。”

咽拭子取样是在上呼吸道,而肺炎病人的感染已经抵达肺叶。在上呼吸道获取标本,检测的可能性和准确性,肯定不精准。

“不行,马上做肺泡灌洗!”

张定宇立即让黄朝林副院长通知纤支镜室主任,采集这 7 名患者的肺泡灌洗液样本,并将每个样本分为 4 份,其中 2 份分别送省疾控中心、中科院武汉病毒研究所进行检测;另外 2 份冻存,以备后续研究。

当天下午 5 点,标本采集完毕。

3 个小时后,初步结果出现:病原体均呈阳性!

重大疫情，天崩地裂。急如星火，上报北京！

第二天即31日早晨，国家卫健委派出的专家组，乘坐当日首班飞机，抵达武汉。

专家组一行来到金银潭医院病房，会诊病人和查看相关影像资料，而后开会。同时，相关人员马上进一步加紧流行病学调查。

调查结果显示，这些患者的病原地越来越指向一个地方——华南海鲜批发市场！

华南海鲜批发市场，位于武汉市江汉区发展大道207号，汉口火车站东侧，市场总建筑面积5万平方米，现安置商户1000余户，是华中地区规模最大的，集冰鲜、水产、干货等为一体的水产批发市场。虽然名为海鲜市场，却暗含不少野生动物交易，活宰现买，生意红火。

31日晚，武汉市卫生健康委10楼会议室，灯火通明。

专家组向国家卫生健康委派驻武汉市工作组汇报临床观察意见。这次会议一个最为紧要的任务，就是分析这种最新发现的疾病，并抓紧商议制定出一个诊疗方案。同时，另一个重要决定，就是马上关闭华南海鲜批发市场。

会议开到第二天凌晨3点30分。

真正的跨年会议！

早晨8点，检测人员便火速赶赴华南海鲜批发市场，针对病例相关商户及相关街区，集中采集环境样本515份，运至病毒所进行检测。

上午10点，江汉区市场监督管理局和卫生健康局联合发出《关于休市整治的公告》。

公告内容为："根据国务院《突发公共卫生事件应急条例》等法规条例的规定及武汉市卫生健康委关于当前我市肺炎疫情的情况通报，经研究，决定对华南海鲜批发市场实行休市，进行环境卫生整治……"

当时，海鲜市场刚刚开市，各种货品琳琅满目。

相关人员当场宣布：每家商户赔偿1万元，现有商品称重后，按进价补偿；人员全部撤离，物品就地消毒。何时开市，另行通知。

现在想来，果断关闭海鲜市场，切断当地传染源，虽有短暂阵痛，却是英明之举！

而直接导致这一结果的引信，就是金银潭医院所取肺泡灌洗液的检测结果。

张定宇，功莫大焉！

"疫氛"汹汹。

全新恶魔，无形无影！

2020年1月3日，国家卫生健康委组织中国疾控中心、中国医学科学院、中科院武汉病毒所、军事医学科学院4家科研单位对病例样本进行实验室平行检测。经过紧急科研攻关，专家初步评估判定，这是一种来源不明的病毒性肺炎病原体。国家卫生健康委会同湖北省卫生健康委制定第一版《不明原因的病毒性肺炎诊疗方案（试行）》。

2020年1月5日，上海市公共卫生临床中心向国家卫健委报送了

《关于湖北省武汉市华南海鲜市场不明原因发热肺炎疫情的病原学调查报告》。

1 月 10 日,紧急研发的检测试剂盒运抵武汉,用于现有患者的检测。

又过了 2 天,这种新型疾病被正式命名为“新型冠状病毒感染的肺炎”。

新冠病毒,由此定名!

科学追凶的脚步,急匆又缓慢,激情更慎重。

这种新型传染病,虽然比较早地在武汉出现,但其真正的源头在哪里,却一直扑朔迷离。在以后的日子里,世界各国的科学家进行多方面的深入研究,得出了多个结论。但这实在是一个严肃的科学难题啊,需要进一步的审慎和精准。

但是,不管如何,一种全新的病毒,无论来自哪个方面哪个方向,当它在不断生长过程中适应了其他物种,当它变得能够导致人类相互传播时,就完成了一次恐怖的跳跃。

现在的它,已经是人类病毒,已经是人类当前的头号敌人。

人类现在的首要任务,就是如何面对,如何围歼,如何制胜!

三、基石

突然被调到金银潭医院主持工作,张定宇的心情颇多郁闷。

说突然,是因为从组织谈话到欢送上任,仅仅两天时间。

为什么郁闷？或许有以下几个原因。

金银潭医院的穷和乱，在本系统内早已出名。它的前身是武汉市的三家具有传染病业务的医院，2008 年合并后改为现名。由于人心分散、经营不善，在树绿花红的卫生界，颇显枯黄和瘦弱。

另外，这家医院远离主城区，在三环以外的东北部。过去，这里是一片湖水，二十世纪五六十年代填土而成。由于偏远无依，周围没有宾馆饭店，更无地铁，连出租车也少有光顾。职工们上下班，需要乘坐通勤车。

更主要的是，金银潭医院社会形象不佳。因为涉及传染病，人们大都自觉绕行、如避瘟疫，连本家干部、职工也缺少自信和尊严。

记得之前有一次，张定宇到市卫健委开会。在电梯里，大家互相礼貌地打招呼。同济医院、中心医院、疾控中心等实力单位的人士，胸前佩戴着自家徽章，颇神气。只有一位女医生，胸前没有标志。别人问她哪个单位。她低下头，嗫嗫嚅嚅，最终也没有说出口。出电梯后，另一个人对张定宇耳语：金银潭！

虽然如此，他却没有过多的灰心。

别人不知道。他对传染病，有着特殊“缘分”呢，那就是哥哥早年因此亡故。他与传染病，似乎冥冥中有着不共戴天之仇。

于是，短暂的沉默之后，他在心里说：谢谢组织！

他对传染病说：不是冤家不碰头，我来了！

过去，对于每座城市都建一座标配的传染病医院的必要性，他也曾心存疑问。

可研究相关资料后，他直骂自己浅薄无知。就像盐业专卖、粮食储备一样，那不仅仅是商品，还是政治！

人类历史，大致可分为两部分：文明史与灾难史。

文明史的巨匣中，当然装满了人类智慧的结晶。但灾难史的地窖里，却是填满了血腥且疼痛的记忆，比如战争、瘟疫、水灾、饥荒等。

综观东西方历史几千年，对人类文明戕害最剧烈的祸端，当属战争和瘟疫。而在这两者之间，又以瘟疫为先。

在各种灾难中，瘟疫发生尤为频繁。

一场瘟疫，甚至可以将一个文明抹灭，把一个国家涂炭，使一个民族变种。

其中事例，不胜枚举！

传染病对人类的极大伤害，早已铭刻在人类的本能记忆中。

的确，人类基因密码里，储存着一种本能恐怖。这种恐怖和警示，时时提示着历朝历代的政治家们，为了国家和种族的长治久安，必须把瘟疫置为主要敌人，时时警惕，未雨绸缪。

但是，太平日久，心生麻痹。

中国各地的传染病医院，在当地普遍不够受重视，发展状态也大多普通。而金银潭医院，也是如此，或者说，更是如此。

张定宇上任后，经过深入了解，实际情况，超乎预料。

金银潭医院，虽属武汉市，却是湖北省唯一的省级传染病专业医院。饶是如此，相比许多综合型医院来说，业务不够饱满。特别是由三家医院合并而成，人心不齐，职工纷纷上访，使得原本冷清的业务更加惨淡。截至他上任之时,全院各种外欠款 1.6 亿元,年亏损 2000 多万元。

金银潭,一片泥潭,一处洼地!

不服周,是典型的楚人性格,也完整地体现在张定宇身上。

他从小爱激动、多急躁,说话办事风风火火。参加工作后,特别是当上领导干部之后,他仍是嗓门大、说话重,让人望而生畏。妻子时时规劝,他也常常自我批评,却总是改不掉。

这不,刚到金银潭医院,他便又表现出了这种性格。

针对医院的不景气状态,他一开始尝试了各种探索、多方突破。

搞专科医院或综合医院,但基础不深、人才不够;试图成立创伤中心,难以为继;再计划搞肝移植技术,仍是不行。

后来,他逐渐明确思路,还是立足传染病业务做文章。这才是正路,更是武汉人民的根本利益。

所以,寻觅一遭,还是立足初心,在原有基础上加强管理,全面提升,并重点突破。

简而言之,第一个突破点,便是把艾滋病业务争取过来。

《中华人民共和国传染病防治法》明确规定,各种法定传染病必须规范管理, 由各地传染病医院负责治疗。由于艾滋病防治工作太复杂太敏感,且令人恐惧,原来这方面的业务大都挂靠在市疾控中心,但由于他们没有临床医生和临床药师,工作起来也不够顺畅。

张定宇积极争取。经过多方努力,他终于把全省的艾滋病定点救治工作,归于本院业务范围。这样,不仅将艾滋病的防控工作进一步纳入正规化管理，而且也系统地培养了自己的专家和护理团队。

艾滋病业务，虽然并不能带来多少经济效益，但可以把金银潭医院在业界的权威地位进一步树立起来。

张定宇平时喜欢阅读英文版医学杂志。有一天，他在一本国外的医学杂志上看到一篇文章，说高流量给氧设备可以替代部分无创呼吸机的功能。这种新设备，比传统给氧方式更加方便且高效。本院呼吸病患者多，急需改善。于是，他通过杂志上的网站找到新西兰生产厂家，又找到经销商，第一批便采购 6 台。这个经销商已在武汉地区推销两三年，却一直无人问津，直至金银潭医院前来采购。

经过反复试用，这家伙确实简便又给力。于是，他陆续购进近 100 台，配备到所有病区。

张定宇上任不久，吃惊地发现仓库里封存着一台省卫健委配备给本院的体外肺膜氧合(ECMO)设备。

ECMO，也称体外膜肺氧合，价格昂贵，是现有体外循环技术中的王者。但由于本院业务冷清，竟然长期闲置，而且无人会操作。

张定宇非常气愤，却又哭笑不得："这是一门重武器，万一有重大疫情，可用于挽救重症病人。如果荒废，简直是犯罪！"

他从外地请来心脏体外循环专家，培训本院 ICU 医生。

当年年底，金银潭医院使用 ECMO 成功救治了 2 位艾滋病重症肺炎病人，这是武汉地区最早将 ECMO 用于重症肺炎救治的病例。2016 年春节后，ECMO 又救回一位患重症肺炎的 24 岁大学生。2017 年年初，禽流感来了，ECMO 更是大显神威，屡屡挽救重症病人，使得湖北省没有因禽流感死亡的病例。

武器精良，可堪大用。在经济实力允许的情况下，张定宇又陆续购置5台。

后来，正是ECMO，在此次抗疫中立下大功。

张定宇到任后，很快就宣布：我们要搞GCP！

什么是GCP呢？

《药物临床试验质量管理规范》（Good Clinical Practice），简称GCP。张定宇希望金银潭医院取得药物临床试验机构资格，成为国家批准和监控的一个新药试验平台。

国人治病，原来大多依赖进口药，虽然有效，却特别昂贵。国际业界规定，这些药品超过专利期之后，可以合法仿制。于是，我国许多药厂专门大量生产仿制药。但是，为了保证药效与进口药一致，在批量生产之前，研究者必须严格试验。这是一项极其科学、缜密的系统工程，需要专业设备、专业团队，广泛招募志愿者，进行严格试验，并给出详细数据。

2014年年底，金银潭医院充分准备后，将申请材料呈交上去，但迟迟没有批复。直到2017年3月1日，金银潭医院突然接到国家药监局通知：一周之后，前来现场核查！

只有6天准备时间！

这期间，张定宇与大家一道，24小时在医院赶工。

3月7日，现场评审顺利进行。而后，申报的6个专业全部通过。

当年5月，金银潭医院终于拿到GCP证书。

就在拿到证书的第二个月，国家开展仿制药一致性评价，要求所有具备资质的机构大力开展此项工作。金银潭医院马上行动，在整个武汉地区动作最快，成效最好，在全国名列第二。此后，金银潭医院先后进行了100多种新药试验，成为国家新药试验的主要平台，而相关部门也陆续拨付横向科研经费1.6亿元。

GCP平台的建成，意义巨大，不仅锻炼了队伍、提升了管理水平，还争取到了大额经费；更重要的是，为后来新冠肺炎疫情防控之战中的新药试制打下了坚实基础。

治疗传染病，第一是防护。可长期以来，金银潭医院的医护人员一直都是一种朴素防护，不规范，更不专业。这样的层次，怎么能够应对重大突发性传染病呢？

2015年的非洲埃博拉病毒暴发之后，国外某知名网站制作了一个关于最新防护的视频课程，十分简洁而且科学。

张定宇把自己关在办公室里，认真钻研并琢磨透彻，而后开办学习班，强力推广，并严格考试。经此一学，大家彻底抛弃了“山寨版”防护习惯，进入了专业轨道。

对转运传染病人，金银潭医院也形成了一套完整科学的运转流程。

这套流程，来源于张定宇阅读的一本书——《根本原因分析》。

他反复研读后，通过详细解构，又与黄朝林副院长一起，召集相关人员，集中大家智慧，共同制定了一套最新、最科学的传染病人运送流程。

…………

张定宇每天早晨7点前到岗，傍晚7点后离开。

平时，他除了开会，就是穿上白大褂，四处巡看。看到不满意之处，他就大声批评，毫不留情。

虽然没有当过兵，他却总是以军人的口吻要求对方，比方说："限你半小时，到某某地方，我在那里等你！"

对中层干部安排工作时，也常常会说："限你 11 月底完成，完不成，调整岗位！"

即使对最亲密的副院长黄朝林，也是如此："朝林，你不对！""朝林，你不要说了！"

大家反映，这个人动作太快，令人望而生畏。

…………

仅仅几年时间，金银潭医院就取得了根本性改变：不仅专业治疗传染病的能力更加雄厚了，各项管理也更加规范了。当然，与之相伴的是，业务的繁忙，效益的猛增。

近年来，医院不仅还清全部外债，而且还可年节余 2000 万元。

他，终于用 6 年时间，把金银潭医院管理得井然有序、业务蒸蒸日上。

年近六十，就这样再干 3 年，虽然没有更大成就，但人生也算圆满，人生也无遗憾。他立誓，退休后，要抓紧时间，享受生活，补偿妻子。

可他万万没有想到，疫病来了……

四、风暴眼

华南海鲜市场关闭之后，新型"怪病"病人猛然增多。按照国家相关规定,全部集中送往金银潭医院。

但是,此时的金银潭,早已住满了普通传染病人1000多名。

这几年,由于金银潭医院声名日隆,各地病员纷纷而来,一床难求。原本,这对于张定宇来说,是极大的好事;可现在,却成为最棘手难题。

必须最快地疏散离开!

但要让他们离开,谈何容易啊。一些轻症病人,通过做思想工作,免费送药、经济赔偿,似乎可以。但很多重症病人,生命垂危,浑身插满管子,怎么办,怎么办?

这其中有太多太多的麻烦,太多太多的摩擦,太多太多的损失。由于不是本文重点,不再赘述,读者自可想象。

张定宇的当务之急,并不是疏散原来的病人,而是马上开始着手布置全新病房,迎接滚滚而来的新的"怪病"病员。

1月3日,新开两个病区,转入50多名病人。

同时,紧急采购呼吸机、监护仪、输液泵、体外除颤设备和心肺复苏设备。每个楼层大致准备25台呼吸机、25个输液泵。

1月5日,病人已达100余位。

早上查房时,他突然发现一个问题。像过去一样,病人用餐,全是自购,由保洁人员代取代收,但由于这些饭菜都是他们自己掏钱购买,又大多考虑经济因素,标准不高、营养不全,而且他们往往吃不完,任由剩余饭菜裸放在床头。保洁员收拾,他们不依不饶,坚决不让倒掉,往往引起争吵。

这是一个巨大隐患。不仅营养不善,而且极容易造成污染和传染。

同时,他又马上联想到,不少病人用药,过去由于考虑差价,往往偷偷从市场上的个体医院或诊所选购,这也是一个隐形传染源。

于是,他马上下令,从今日起,所有病员餐饮费用由本院负担,标准与本院干部职工标准相同,即每人每天120元标准。同时,所有用药费用,也由本院承担,禁止一切外购!

众人大为错愕。

100多个病人,而且日日剧增。免去餐费、免去治疗费,这是一项多么巨大的开支啊。

他大声喝道:"特殊时期,不讲经济!"

从此,一切进入军事化!

1月6日,某境外视频媒体以金银潭医院门口为背景,制作了一期疫情如火的相关节目,在网上广泛传播。

金银潭,一下子成为国内外关注的中心。

风暴眼!

他浑身冰凉,细思极恐,真是天大的责任。整个城市,千万父老,几乎全担在金银潭医院的肩膀上,但又不能推脱。

形势越来越火热!

正在这时,金银潭医院的50多名保洁员不辞而别。全院共100多个保洁员,一下子走了一半。

怎么办?

护士和行政人员顶上!

受保洁员辞职影响，第二天，18 个保安也全部主动离岗！

怎么办？

没有选择，也来不及选择。

所有的后勤人员，全都上前线！送饭、保洁、保卫！

1 月 19 日，国家卫健委专家组再次来到金银潭医院调研。

1 月 20 日，国家卫健委在北京召开新闻发布会。

疫情公开，世界震惊！

1 月 21 日，湖北卫健委通报省内新增 72 例；同时，天津、浙江、江西、山东、河南、湖南、重庆、四川、云南、台湾确诊首例病例。

1 月 23 日上午 10 点，武汉关闭离汉通道！

…………

在此期间，张定宇们日夜苦战，已经将全院 21 个病区全部改造完毕、消毒完毕、布置完毕。

想一想，时间如此紧迫、人手这么奇缺，这是一个多么巨大的工程！

最关键时刻，张定宇生命中的最重要人物，突然“中箭”。

他的妻子！

这些天，程琳在武汉市第四医院门诊部负责接诊，虽然百倍注意，但还是发烧了。19 日，她悄悄去医院检查了淋巴细胞，偏低。检测核酸，阳性。肺部 CT 显示，她已感染新型冠状病毒！

听到消息，张定宇眼前一黑。

可分身乏术的他，已经好多天没有回家了，现在更是无法离开，不能前往探视。

无奈的张定宇，愤怒的张定宇，疲惫已极的张定宇，擂墙痛哭！

此中心情，如火焚烧！

此中哭泣，此中颤抖，此中悲哀，其有谁知?！

没有办法，他只有拼命地工作，拼命地工作，尽自己全部的力量，把事态缩小到最小，把损失降到最少。同时，他祈祷苍天，早早收回这把邪火吧，早早结束这场惩罚吧。

每天晚上，在办公室里，他都要闭上双眼，面向墙壁，单腿直立半小时。

是在祈祷吗?

根本不是！

五、陌生的敌人

华南海鲜市场关闭之后，部分病人的类似症状一一浮出水面。

元旦过后的几天内，随时会有救护车呼啸着驶入金银潭医院。武汉市同济医院、武汉市协和医院、武汉市中心医院、武汉市红十字会医院等，源源不断地将病人转运过来，进入南七楼 ICU 病房。

许多患者躺在病床上，急促地大口呼吸，鼻翼不停地翕动。

显然，他们都是重症肺炎患者，当下又处于武汉的流感季节，可是，按常规流感诊治，却怎么也找不到致病原因。

CT 显示,很多患者肺部已经出现大片白区。

一种全新的传染病,怎么治?

病情重,是这种全新病毒性肺炎给黄朝林留下的第一个深刻印象。

作为传染病专家,与各类病毒打了半辈子交道,却是第一次有些束手无策。

病原不清楚,感染途径不清楚,变异方向不清楚。自从转运完第一批患者之后,黄朝林就再也没有回过家。每天,他基本上都守在南七楼病房。观察、思考和救治,是他的工作,是他的生活,更是他的生命!

病原不明,无药可用,除了凭经验和感觉对症治疗和支持治疗,医生们尝试了多种抗病毒药物,却都没有明显效果。

病程进展快,是该传染病的另一个凶险之处。

黄朝林参加了很多危重患者的抢救和病例讨论。他对第一个上 ECMO 的患者印象太深了。

他们用了常规支持治疗、对症治疗,几乎没有效果。患者病情持续恶化,血滤机、呼吸机都上了,血氧饱和度还是往下滑落。

这名患者的抢救,让黄朝林和专家组从傍晚一直苦恼到次日凌晨。最终,所有的努力,还是归于失败。

脱下像宇航服一样笨重、复杂的防护服,黄朝林几近虚脱。

比虚脱更甚的,是无奈,是悲哀!

最初,国家卫生健康委先后派出的工作组、专家组与金银潭医院的专家们进行了多次会诊和商讨,结论是:这是一种典型的病毒性肺炎。

国家第一批专家组成员、中日友好医院副院长、呼吸与危重症医学专家曹彬总结了这种不明原因肺炎的典型特征：普遍起病较急，白细胞计数正常或偏低，肺部出现特异性影像学改变，双肺弥漫磨玻璃样阴影，危重患者的双肺已经发展成“白肺”。

1 月 3 日凌晨，《不明原因的病毒性肺炎诊疗方案（试行）》定稿，由专家组交由武汉市发布。

但，这仅仅是在传统肺炎治疗基础上的一种综合提升。

刚开始的时候，医院收治患者的死亡率很高，一度让张定宇承受巨大的心理压力。“当时觉得这种疾病真的太奇怪了。很多患者死亡前的临床表现只是重症，并没有滑到危重症，原本希望保留患者的自主呼吸，通过高流量给氧、无创呼吸机使患者逐渐好转；但病情突然急转直下，没能得到有创机械通气等支持性治疗就突然去世了，想拉都拉不回来。”

身边陆续有同事和家人感染，让张定宇越来越害怕：“我们不知道这个疾病会怎么发展，有人慢慢自愈了，也有人走着走着就没了，气管插管没用，上 ECMO 也没用。”

1 月 10 日晚，金银潭医院又转来 6 名危重患者。

落实完患者的安置和抢救措施后，黄朝林脱下憋气的防护服，准备从病区回办公室休息一下。他，太累了。

路上，黄朝林刚刚摘下 N95 口罩，两名患者家属突然飞跑到他面前，“扑通”一下，跪倒在地，恳求全力抢救母亲的生命。

情急之中，黄朝林赶紧上前将两人扶起。

黄朝林向他们耐心地解释抢救的过程。这两人一直紧紧拉着他的手，流泪感谢。

3 天后，这两人被确诊感染。

1 周后，黄朝林也发病了。

1 月 22 日，黄朝林拿到了自己的核酸检测阳性结果，肺部 CT 检查，也显示双肺都出现了典型的磨玻璃样阴影。

一时天旋地转，呆若木鸡！

黄朝林再次来到病房时，身份已经变成患者，血氧饱和度不到 93%，属于重症。

病情进展很快，黄朝林的肺损伤越来越严重，呼吸也越来越困难，一阵阵剧烈的咳嗽，有时让他“感觉肺都要咳出来了”。

腹泻、呕吐等严重不良反应接踵而来。在病房里，黄朝林听其他医生说，此前自己抢救的那几位患者，大都去世了。

他很清楚，自己的病情可能也会一步步滑向危重，直至上呼吸机、上 ECMO。

黄朝林，感到了恐惧。

亲爱的妻子正在抢救，亲密的战友又陷魔爪。

张定宇每天都去看望战友，却是站在门外，站在远处。

突然，他的右腿又剧疼起来了，几乎摔倒。他赶紧站定，用右腿单独站立 25 分钟，直疼得满头流汗……

六、渐冻症

武汉关闭离汉通道的当天，张定宇接到通知：省委主要领导要到金银潭医院，现场慰问，现场办公。

金银潭医院是一家普通的处级单位，几十年来从未有如此重要的领导光临指导。平时，这可是求之不得的喜事啊。

可是现在，他实在没有这个心情、这个精力了。

他考虑再三，郑重地给市卫健委领导打电话，委婉地却又是坚定地表示谢绝，希望他们向上说明。

这个张定宇，真不懂事，太不懂事，天下最大的傻瓜、笨鸟！

但是，省主要领导还是来了。

1月24日，省委主要领导一行在金银潭医院慰问、座谈。

只是，张定宇太忙，实在走不开，虽然他就在300米之外的南七楼病房里。

他只是通过视频，向省委领导汇报了医院的工作。

特殊时期，奇特故事！

1月24日，大年三十，除夕夜。

这肯定是张定宇人生最特殊、最难忘的一个除夕之夜，比他9年前参加“无国界医生”活动在巴基斯坦西北边境医院提供支援服务时的那个春节，还要离奇百倍、紧张百倍。

这个除夕，他在办公室里。吃过饭盒里的十几个饺子后，春节联欢晚会已经开始了。房间没有电视,他也没有心情,便稍稍休息了一会儿。

晚8点,他想在这最特殊的时刻,与病房里的妻子视频一下,说几句安慰话。可刚刚酝酿好情绪,刚刚拿起手机,电话响了。

卫健委办公室紧急通知,解放军陆海空3支医疗队共450人,已分别从上海、重庆、西安三地乘军机星夜驰援,于3个小时后抵达武汉天河机场。其中,陆军军医大学150人医疗队,将直接奔赴金银潭医院。

张定宇大受鼓舞,解放军来了!

晚10点,张定宇又接到电话:上海医疗队136名医护人员也将进驻金银潭医院,凌晨2点抵达。

他马上召集人员开会,部署相关事宜。好在,春节之前,国家宣布关闭离汉通道之前,他已经把全部病区装修改造完毕。

若非,一切都将来不及!

想到这里,他心底涌上一阵莫名的自豪。他伸出大拇指,使劲儿地为自己点一个大赞!

的确,提前进行的这一步工作太果断了、太给力了!

这,也许就是一个真正事业者的眼光和责任!

…………

安顿完医疗队,已是凌晨3点。

日历已悄然翻到1月25日,大年初一。

此时,正是全国人民的万家团圆之夜。可他,和他的战友们,却在汗水中守望黎明。

他要赶紧去睡一会儿,睡一会儿。若非,今天,将更加火热。

的确是最火热的一天!

他在办公室的沙发上,只是小睡了3个小时。

7点钟,他走下楼。

"腾空病区的两层楼面,搞好清洁消毒!"一大早,张定宇就开始了他的吼叫。他要为即将进驻的医疗队调整空间布局。

1月26日下午1点,陆军军医大学医疗队接管该院2个病区。经过3个多小时准备,20名重症患者转了进来。

下午2点,上海医疗队正式接手该院老病房,共2个病区,约80张床位。

截至当晚11点,金银潭医院当天再次接收53名转诊患者,累计收治重症患者657人。

火线48小时,张定宇兵不解甲、马不停蹄!

春节之后,各路援军陆续赶到。

但治疗最需要的氧气,因需求量太大,出现中断。

现存的液态氧,不能汽化,最少要达到0.3公斤的压力,才能工作。

怎么办?只有用开水浇淋。

于是,他马上安排4个小伙子,24小时不停地烧热水、浇热水。就这样,源源不断的氧气,维持着全院21个病房657名病人的生命。

可这样下去,不行啊。

他马上向市政府报告、报告,请求支援、支援!

几乎与氧气短缺的同时,因用电量太大,几个病房频频跳闸。

各种设备正在争分夺秒地抢救病人，都需要用电，可这边却出现断电。这可是要命的重大事故。

他打去电话,又开始骂人了!

“快！快！快！给老子快些！”

“限你 3 个小时之内,检查所有开关。凡有隐患的,全部换掉！”

金银潭的空气中,布满了浓浓的消毒水味道,像硝烟,像云块……

楼道里,大家总能看到张定宇跛行的身影,总能听到他急切的大嗓门。

他的嗓门越来越大,脚步却越来越慢、越来越跛。

上楼时,他要用劲地用双手把持栏杆,用力地拉！拉！有一次,走着走着,他竟然扑倒在地上,像金银潭里的一只蛤蟆。

1 月 28 日早上 8 点,全体病区主任见面会。

简短地汇报工作后,按程序,大家应该四散而去、各就各位。但这一次,他要求大家等一下,还有话说。

大家有些意外,静等。

而他,却又抓耳挠腮、吞吞吐吐,足足 1 分钟也没有说出话来。

大家惊奇了、纳闷了。这可不是他张定宇的作风啊,从来没有见过他这么“娘”过啊。

他停顿了一下,终于开口了。

“兄弟姐妹们,事到如今,我也不得不说了。再不说,可能就要耽误大事。”

什么事,什么事?

大伙猛然瞪大眼,眼神里翻动着一串串惊疑的问号。这些年来,单位由乱到治,由弱到强,发生了太多太多细细碎碎而又轰轰烈烈的事情。对于这些,大家都已经习惯了,只要有他在,便没有什么大事。就像现在,天大的事,不也是他在硬挺挺地支撑着吗?难道……

“我的身体出了问题……”仍是嗫嗫嚅嚅,继而,他终于说出,“我得了……渐冻症!”

什么?什么?!

所有人,面部扭曲,表情凝固。

“是的,渐冻症,前年确诊!”他缓缓地却是平静地说,“医生告诉我,或许还有六七年的寿命。现在,我的双腿已经开始萎缩……”

渐冻症,即运动神经元病,属于人类罕见病。此病多为进行性发展,其病变过程如同活人被渐渐“冻”住,直至身体僵硬、失去生命。更重要的是,这种怪病,无法医治。

在座的都是医生,谁不明白呢?

联想他这些天来的异常行动,大家恍然大悟。

张定宇沉默少许,接着说:“我向各位兄弟姐妹道歉啊。这两年,我脾气不好,批评你们太多,你们都受委屈了!现在,我的时间不多了。在这最后的日子里,我必须跑得更快,才能跑得赢时间;我必须跑得更快,才能抢回更多病人;我必须跑得更快,才能和大家一起,跑出病毒魔掌。现在,形势万分危急。我们要用自己的生命,保护武汉!……”

说完,他用尽全身力气,站起来,一跛一拐地走向前台,双拳相抱,深鞠一躬:“拜托大家了！”

所有人,捶胸顿足,号啕大哭!

…………

2017 年,张定宇感觉双腿乏力。

他起初不以为意,认为可能是年纪大了。

2018 年 10 月,他除了行走不便外,晚上还常常腿部抽筋,非常痛,每天两三次。

去医院检查,结果冰凉:运动神经元病,即通常所说的渐冻症。这种疾病多为进行性发展,随着患者年龄的增长,负责人体运动的肌肉组织逐渐萎缩、退化、枯萎。其病变过程,就如同活着的人被渐渐“冻”住,直到身体僵硬、失去生命。

更重要的是,这种病无法根治。即使治疗得当,最多只有 10 年的生命。

…………

那些天,程琳整日以泪洗面。她想不通,从来兢兢业业、救死扶伤的丈夫,为什么会染上这种绝症?

张定宇沮丧了半个月。最后,他还是悄悄告诉了党委书记王先广。

“重要事情,按照程序,我要向党委汇报！”张定宇说,“但也请你替我保密,绝不告诉第二个人,包括朝林。不过,我保证,一旦我感觉病重不能履职,我会再次向党报告！”

张定宇同时进行着三场“战争”。

第一,他要与新冠肺炎疫情做斗争。世界的焦点在此,巨大的压力落在了他身上,而自己的业务副院长又感染住院,他必须事无巨细,亲自指挥。

第二,最亲爱的妻子在另一家医院住院,病情难测,却不能去看望。

第三,便是自己罹患的“渐冻症”,时时疼痛,像抽筋般疼痛。这时候,他必须直挺挺地站着,把力量压迫在右腿上,至少25分钟,才能好转一些。

三座大山,压在身上,压在心上。

想一想,若非铁人,早已崩溃。

最疲惫的时候,最痛苦的时候,最苦闷的时候,张定宇就仰躺在办公室的沙发上,与妻子聊天。一方面是问候,一方面是排解压力。

“疫情过后,我要陪着你,好好休息。”

“咱俩相差5岁,正好可以一起退休。到时候,我给你一个人当护士,你给我一个人当院长。”

“只是我脾气不好、急躁、不服周,老毛病改不了。”

“这才是武汉人。犟脾气2000多年了,怎么能改变?这是基因,也是病毒,一代代传染。”

“不要提病毒,不要提传染。我不想听!”

“好吧,好吧。张院长伟大,张院长敢干。在张院长领导下,汉正街永远正,长江水永远清,金银潭永远风平浪静。”

“哈哈哈哈……”

笑着笑着，却没有声音了。

再听，却是一阵阵呼噜声。

他睡着了……

七、灵丹妙药

为提高治愈率，金银潭医院采取了多种办法，比如大量补充氧疗设备，在病房里尽可能多地匹配氧气面罩、高流量给氧装置、ECMO 等。

当年引进的高流量给氧装置，经过几年临床实用，效果奇好，后来陆续购进的 100 台，对重症病人帮助极大。

更见效的是 ECOM。针对更加严重的危重症病人，他们使用 ECOM，进行体外循环给氧。这几年，用重金购买的 5 台 ECOM，真是派上了大用场。外地医疗队进驻时，又带来了 3 台。

这 8 台 ECOM，简直就是救命机器啊。

经过近期的实战试验，这两型“武器”，都被写进了新冠肺炎病人的临床救治指南。

但仅有这些常规“武器”，还不行啊。

在没有疫苗之前，如何能最大限度降低死亡率？

还需要探讨新路！

2 月 2 日 9 点，张定宇在答记者问时说：所有患者转入我院以后，均在国家、省、市专家组指导下，按照第四版诊疗规范开展诊疗。根据病情给予鼻导管氧疗、高流量湿化氧疗、无创通气治疗、气管插管呼吸机辅助通气，部分患者还可使用体外活氧和支持人工肝、人工肾等高级生命支持，同时酌情给予抗病毒、抗感染、抗炎、抗休克，纠正内环境紊乱、纠正酸碱平衡失调等治疗。

同时，他们还大力推动新疗法。

比如血浆疗法。

大部分新冠肺炎患者经治疗康复后，体内会产生特异性抗体，这种抗体可有效杀灭病毒。目前在缺乏疫苗和特效治疗药物的前提下，采用这种特免血浆制品治疗新型冠状病毒肺炎是最为有效的方法，可大幅降低危重患者病死率。

“血浆对重症病人有效，但并不是说输了血浆就百分百治好。但用了康复患者的血浆之后，可以增加重病患者存活的机会，也为医生的救治争取了更多时间。”

张定宇解释说：恢复期的病人体内会有中和抗体，能把病毒中和掉。在康复患者捐献血浆之前，医生会对他做病毒检测，检测他的血液里面病毒的浓度是多少。如果血液里面没有检测到病毒，这个血浆就可以用。而医生在使用之前也会对血浆做病毒灭活，可以保证这个血浆安全，接下来就可以开展新冠病毒特免血浆制品和特免球蛋白的制备。

张定宇的妻子程琳康复后，经过身体检查，符合捐献血浆的条件。

2月中旬，她来到丈夫所在的金银潭医院，捐献400毫升血浆。

目前，在国家卫健委发布的《新型冠状病毒肺炎诊疗方案（试行第六版）》中，已增加“康复者血浆治疗”。

推动遗体解剖工作,寻找致死根源。

在张定宇看来,目前我们对新冠肺炎感染、致死的病理机制还没完全弄清楚,所以也没有对症特效药。通过遗体解剖,我们可以掌握病毒致死的病理变化机制和死亡机制,判断其传染性和致病性变化规律。

金银潭医院的第一个死亡病例出现在1月6日。

这一天,武汉市下着小雨,很冷。“我们迫切地想要了解患者的病理生理特点和疾病规律,只有在科学的指导下,才能更有效地救治患者。”在ICU病房外,张定宇等人与患者家属沟通将近1个小时,试图说服对方同意对逝者尸体进行解剖,但是没有成功。

后来,凡有病亡者,他都会走上前去,苦口婆心地做工作:“我们知道凶手是谁,但它到底如何行凶,我们更需要知道。”

终于,有几位患者家属,同意了。

2月16日,全国第一例、第二例新冠肺炎逝世患者的遗体解剖工作在金银潭医院完成。10天之内,他们共完成12例病理解剖。当晚,中央电视台《新闻联播》报道,由解剖获得的新冠肺炎病理已送检,有望寻找到新冠肺炎的致病性、致死性病理,给未来临床治疗危重症患者提供依据。

最早完成的13例死亡病例尸体解剖,其中12例在金银潭医院完成。

疫情发生后,国家科技部紧急启动了关于新冠肺炎的应急科研攻关项目。金银潭医院承担的多个临床研究项目陆续启动,涵盖优化临床治疗方案、筛选抗病毒药物等在临床治疗中亟须解决的问题。

张定宇当初建造的GCP新药平台,真是神奇的伏笔。

疫情发生后，王辰院士、曹彬教授迅速在这个平台上展开了克力芝、枸橼酸铋钾、瑞德西韦等药物的临床研究。

众多临床专家，也在这个平台展开了一个个科研项目。这些科研发现，也在一步步指导着临床科学救治。

各种武器，一齐开火，从乱枪打鸟，到逐渐精准射击……

八、最后的战斗

2 月 2 日之后，在宝武集团的支持下，金银潭医院和全市所有医院，保证氧气充足。

2 月 9 日晚上，已经超负荷运转 43 天的金银潭医院，再次接到收治一批危重病人的任务。

21 个病区，每层楼都在走廊添加了 10 至 14 张病床。

这天晚上，他们骤然又吃力地容纳了 256 位病人！

每天每天，他们都是如此节奏啊。

而调动整个医院运转的张定宇，无疑是其中最忙碌、最伤心而又最坚定的那个人。

还有他的战友们——这些勇士们，在那些漫长的日子里，他们有家不能回，大都寄宿在自己的汽车里。

“汽车宾馆”，是他们战火中的家！

…………

魔高一尺,道高一丈!

整个武汉市,都是如此这般火热啊。

在中共中央的统一指挥下,来自全国各地的医务工作者、志愿者和各界爱心人士,同武汉当地战士并肩作战,在“疫氛”滚滚中,共同筑起了一道道血肉长城,抗击疫魔!抗击疫魔!

日日夜夜、黑黑白白、风风火火、铿铿锵锵。

希望之光、胜利之光,就这样吃力地从最初的慌乱和暗淡中走出,走向黎明、走向日出……

2月21日,金银潭医院收治患者13人,出院56人。出院人数首次超过入院人数。

黄朝林副院长在病情加重持续10天后,也稳定了。最终,他走向新生,并于3月2日回归作战队伍。

…………

截至抗疫尾声,金银潭医院的820张病床,累计收治了2220名病人,其中包括全市大多数危重症患者,是整个武汉市收治病人最早、最重、最多的医院,是不折不扣的主战场!

这,实在堪称奇迹!

而金银潭医院的勇士们,在与病魔决斗的同时,也最大限度地保护了自身。作为战斗最激烈的桥头堡,这里只有9名医护人员感染,且全部治愈。

这,同样堪称奇迹!

张定宇和他的战友们,用最大的努力和最小的牺牲,成为保护这座城市的主力军!

九、最终的敌人

一场大战，正在收兵。

虽然惨烈，却是大胜！

面对此局，张定宇无比欣慰，却又无限失落。他甚至不知道，面对这一场轰轰烈烈的战争，是应该吊唁，还是应该庆贺。

他，已经近3个月没有休息了。一场战争，彻底打乱了他的生活和生命。

3月下旬，他终于偶尔回归了原来的节奏：晚上7点钟下班。

他终于可以这么早地下班了。家里，有妻子准备的热腾腾的饭菜和甜蜜蜜的微笑。

生活，如此美好；生命，如此温馨。

只是这样的美好和温馨，太有限了。

但是，无论如何，现在的他，已经释然，足以欣慰。

因为，他问心无愧，他不欠这座医院，不欠这座城市，不欠这个世界。

想到这里，他笑了，面对金银潭，面对大武汉。

未来世界，疫情将是人类面临的最大风险。

比尔·盖茨说过，未来，传染病是比核武器更大的威胁。

已故诺贝尔经济学奖得主约书亚·莱德伯格警告人类：病毒，是地球上最后一种敌人。

比如这次的新冠病毒。

截至目前，新冠病毒的确切来源和生存、生活方式，人类仍然没有摸清。所以,眼前的“胜利”,只是阶段性成果。在没有疫苗之前,它可能会像流感一样,年年骚扰人类。

但愿疫苗早早问世。

但根本上,人类还是要改变生存方式,与自然和谐相处。若非如此,走了“非典”,来了“新冠”。“新冠”之后,还有新敌……

我的祖国、我的武汉、我的亲人,我爱你们,祝你们安宁恒好!

(2020 年 3 月 20 日作于武汉市洪山区水神客舍 1301 房间)

哭笑天使

创作背景

2019 年 12 月 27 日，湖北省中西医结合医院呼吸内科主任张继先，最早发现疫情苗头，并坚持上报，被誉为“疫情上报第一人”。

两个多月来，媒体报道可谓多矣，但对其上报前后的详细过程和后来状况，均失之简略。

3 月 2 日，我冒险来到她的工作地，趁她轮休时间，进行了深聊。

张继先，在我的感觉里，和张定宇一样，属于典型的武汉人。她虽然身材娇小、外貌文弱，却是性情刚直，作风泼辣，颇具男子气，不少人称她“继先兄”。

总之，这是一位会干事、能担当、敢负责的武汉奇女子。

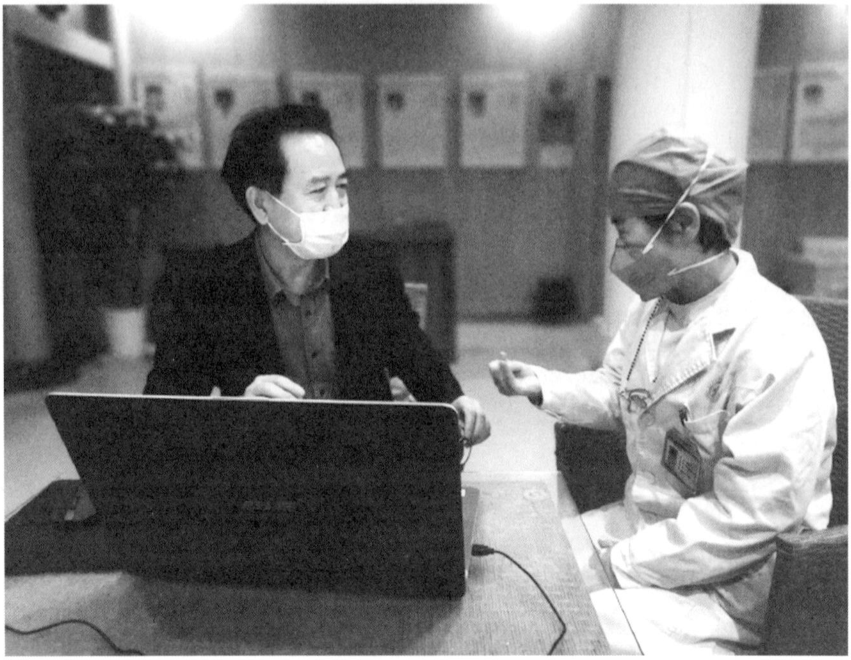

李春雷(图左)与张继先(图右)的采访现场

一、青萍之末

风,起于青萍之末。

武汉的呼吸道流行病风潮,总是从每年10月底开始,到次年4月谢幕,春节前后是高点。但是2019年,却有些奇怪:整个11月,冷冷清清,直到12月中旬,才熙熙攘攘。

作为湖北省中西医结合医院呼吸内科主任,张继先心底正纳闷呢。暖冬?还是别的原因?

12月26日下午4点,一位60多岁的老太太,因呼吸困难,住院治疗。拍片后，主管医生看到肺部造影呈磨玻璃状，便来请教。张继先仔细端详后，也感觉特殊，却也没有格外惊奇，因为呼吸道疾病有几百种，很有可能呈现不同，或有变异。她嘱咐，进一步观察。

最早的警觉，来自第二天。

27 日上午，在本院神经内科住院治疗的一位老先生，CT 检查时，发现肺部异常。神经内科主任便让主管医生携带相关资料，去询问张继先。张继先一怔，竟然与那位老太太症状类似？她思考片刻，提议将老先生转入呼吸科治疗。

当天中午，老先生办理转院手续时，明确要求与那位老太太同一病房。

原来，他们是夫妻！

猛然，张继先意识到了什么。

帮助办理转院手续的小伙子，是老两口的儿子。

张继先提出，请小伙子也拍一下胸片。

小伙子一听，暴跳如雷："我年纪轻轻，健健壮壮，只是来陪床，又不是病人。"

张继先委婉地解释。

但小伙子挺有个性，执意不从，责怪张继先多事，甚至怀疑遇到不良医生。

张继先告诉他："小伙子，请不要多想，我是医生，只是想让你查一下。至于费用，如果你不能支付，我可以帮你负担。"

疑疑惑惑中，小伙子进行了检查。

拿到片子时，张继先倒吸一口凉气：一家三口，症状相似！

她马上对三人进行隔离治疗，并吩咐医护人员接触病人时，务必戴上口罩；同时，报告业务副院长。在张继先的建议下，本院业务副院长召集开会，决定上报疫情。

30日，武汉市疾控中心和中科院武汉病毒所几乎同时做出初步检测结果：一种疑似新型冠状病毒！

31日，国家专家组赶赴武汉。

几天后，因这种疑似新型冠状病毒而患上疾病被正式确定为一种人类新型传染病——新型冠状病毒感染的肺炎。

警报，正式拉响！

二、继先姐

张继先，瘦瘦小小、文文弱弱，身高只有1.55米，体重呢，不足90斤。

这个娇小的南方女子，1966年生于黄冈市黄州区，1985年考入武汉大学医学院，毕业后入职湖北省中西医结合医院，专注于呼吸道疾病诊治，渐成专家。

2003年"非典"期间，她作为江汉区疫情防控专家组成员，参加防控和排查工作。由于积极投入，荣立三等功。

"非典"之后，她来到北京朝阳医院呼吸科，深度学习。

2006年，张继先担任湖北省中西医结合医院呼吸内科副主任。

2011年，升任主任。

正是有了这些丰富经历，才使她对传染病疫情格外敏感。

全科 33 个医护人员，大部分是女性，她年龄最大。

公开场合，大家称她主任；私下里，她的名字是“继先姐”。

是的，这些女医护人员，在各自的生活中，是公主，是天使，是白领丽人。平时，她们也慵懒、也自私、也嫉妒、也说闲话甚至传闲话。但谁能挡住她们甜蜜般的幸福和鲜花般的微笑呢？谁让她们是大武汉的小女人呢？

但，这只是岁月静好时的常态啊。

三、继先兄

病人转诊了，但张继先的心底，却已风起云涌。

她所在的医院，并没有传染病业务，更没有相关防护设备。于是，她马上网购 30 套防护衣，并利用屏风，开辟了一个简易的 9 人隔离室。

31 日，隔离室建成。

元旦之后，形势大变，病人越来越多。

不能不说，疫情暴发初期，由于各方面应对仓促，猝不及防，致使社会上产生了一些慌乱。最紧要的是各家医院缺少病床，无法收治病人。不少病人奔跑于各大医院，气喘吁吁，形成流动传染源。

1 月 13 日，医院决定将住院部一楼改造成专门的隔离病区。

1 月 30 日，医院被列为新冠肺炎治疗定点医院。施工队连夜施工，打造封闭通道，开凿专门风道，直至开辟出 18 个病区，准备了 600 多张病床。

突然之间，张继先又变成了一名教师。

她不仅需要负责数百名病人的治疗，还要承担全院近千名医护人员的培训,用最快速度,让他们从外科、妇科、儿科、五官科等专业医生变成传染病科大夫。

大课教,小班教;当面教,微信教;白天教,晚上教。

时间紧急,没有客气。哪还是南方女子,必须是黑脸包公。

有些男医生,与她并不熟悉,但看着她的严厉、她的干脆、她的风风火火,便尊称她为“继先兄”。

四、摸着石头过河

魔鬼来了,无影无形,无声无息,无色无味。它的腥爪,试图抚摸人们的鼻子、眼睑、嘴唇,并觊觎人们的肺叶。

全新敌人,全在暗处,全无经验,如何治疗?

张继先和大家一起,按照国家专家组审定的相关诊治方案,加上自己的临床经验,试探用药,摸索前行。

一个孕妇感染新型冠状病毒之后,前来住院,入院后即将临产。没办法,只得在这里接生。孩子出生后,母子隔离。产妇魂飞魄散、胆战心惊,既惶恐自己的生命危险,又担心传染贻害孩子,整天以泪洗面、痛不欲生。

某患者,肾移植已经 7 年,又染此病,且是重症。但他经济实力雄厚,拥有自己信任的医生,基本不相信张继先的治疗方案,每每质疑。张继先一方面按自己的方案施治,一方面还要与对方背后的专家角逐。

还有一位重症病人,高烧 39.8 摄氏度,呼吸衰竭,说话时,只能一个字一个字地间断吐出。他自觉难治,情绪低落,甚至断断续续地交代遗言。

…………

张继先像消防员一样，不仅要对 160 位危重病人时时看护诊断，还要兼顾几百个普通患者。突发情况，时时发生。

身穿厚厚的防护服，连续几个小时高强度工作。此中苦累，实难想象。

这样说吧，仅仅脱下防护服，就需耗时半个多小时。其中 27 个步骤，必须 12 次消毒双手、分别经过 3 个淋浴间。为了减少上厕所次数，她平时只吃鸡蛋和热干面之类，不敢喝水，不吃水果。防护服不透气，几个小时下来，身上全部湿透。N95 口罩贴合紧密，鼻梁和眼下，生出一片片压疮。

每次从病房出来，浑身瘫软，筋疲力尽。

极度痛苦中，也在极度苦恼。她在苦苦地思索、试探如何用中医汤药进行辅助治疗，使中西药联合发力。

五、不是爱哭泣

偶尔像男人，毕竟是女士。

于是，哭，便成了她的业余生活。

开始阶段，病床根本不够用，需要住院的病人太多，却又无法收治。看着无助的病人的哭喊，她无奈而哭。

病区开辟后，住满病人。但如何对症治疗呢？史无前例！有些病人，虽竭尽全力救治，但还是遗憾去世了。她深深地叹息于自己的回天乏术，愧恨而哭。

患者中有几位耄耋老人，其中一位老太太 90 多岁，还有六七位的年龄在 80 岁以上。看着这些垂垂暮老却又岌岌可危的长者，她哀怜而哭。

防护用品时时短缺，防护服没有了，口罩用完了，却没有渠道备货。她顿足捶胸，急得直哭。

有些病人，拒不配合治疗。她背过身去，气得直哭。

身心太疲惫了。她瘫坐在地，累得直哭。

呼吸科有两名女护士，刚刚休完产假，孩子还小，不得不断奶，不得不告别孩子。两位年轻的母亲，涨奶疼痛时哭，思念孩子时哭，尤其与家人视频时，那边孩子哭，这边大人哭。每每这时，张继先也陪着哽咽……

只是，哭，并不是动摇啊，只是情绪释放。

但是，偶尔，也有人在哭泣中，情绪摇晃。

是的，她们毕竟是血肉之躯，是平常人，面对死亡，面对危险，也恐惧，也动摇，也埋怨，甚至声言辞职。

这时候，温柔的继先姐，马上就会变脸："国难当头，别无选择！我们以前是'白衣天使'，现在是'白衣战士'。战场上，只能进，不能退，倒也要倒在病房里！"

大家瞪大眼，看着她，熟悉又陌生。

说完，抹抹泪，开始穿防护服。

穿上防护服的张继先，立时变得更加坚毅，揖别女儿态，俨然大将军。

而后，坚定地走进病房！

六、春天的号啕

事态，在对峙中相持。

这个体重不足 90 斤的弱女子啊，她的意志，却是一个完全的大丈夫。

每次进入病房前，她都要在防护服的胸前背后，各画上一个笑脸。远远看去，是一张胖胖的笑脸在晃动。

笑脸的晃动中，形势渐渐转变。

那个在住院期间生下孩子的产妇，住院十几天之后，病状消失了，身体也恢复正常了。更让人惊奇的是，她生下的孩子居然也一切正常，丝毫没有受到传染。由此，张继先最早有了一个重要发现：同是传染病，艾滋病垂直传染，而新冠病毒则不会。

那个固执的患者，在与张继先摩擦一周之后，也信服了，变成了一个乖乖孩子。20 多天后，他的病情也彻底好转。

还有那位曾经交代遗言的重症病人，挺过十几天的危险期后，也进入安全地带，脸上有了笑容，嘴里可以说话。他千恩万谢，并通过电话，安排家人捐献呼吸机、口罩、防护服等。

特别是那几位八九十岁的寿星患者，经过悉心诊疗，竟然全部治愈，陆续出院了。

…………

2 月下旬，病人数量呈下降态势。

3 月初，开始出现空床现象。

3 月上旬，院内各个病区陆续撤离。

3 月 14 日，全院恢复正常医疗秩序。

截至此日，湖北省中西医结合医院总共收治新冠肺炎患者 1100 多人。

…………

这期间，张继先被强制安排撤离战场，居家休息。

这时候的她，终于欣慰地笑了。

她的笑，点燃了武汉的春天，引爆了樱花的盛开！

更让她欣慰的是，和她一起并肩战斗的战友们，居然没有一人感染。

看着窗外春天的繁华，看着医院门庭的冷落，想着3个多月来的水深火热，她莫名其妙地再一次失声大哭，泪流滂沱。

只是，所有人都知道，这是幸福的号啕！

（发表于《光明日报》2020年3月20日头版头条，收录时略有改动）

感谢纸尿裤

创作背景

写完《三月正青春》之后，我感觉现在的“90后”青年人，真是成长起来了。于是，意犹未尽，我仍然想着寻找对象。

正在这时，我的好友——河北医科大学第一医院宣传部部长王保中提供了一个张明轩的事迹材料。这个青年人，也是刚刚受到国家表彰，而且又被火线提拔重用，被任命为护士长。于是，我马上联系在武汉前线的主人公，通过视频、电话采访，获取了一些鲜活故事；又通过王部长，补充了一些素材。

这期间，各家报刊纷纷约稿，但要求不同，有长有短，有的偏文学，有的偏活泼，有的偏规范。这时，我突发奇想，试探一下报告文学创作的可能性：如果利用一个主人公的素材，写4篇不同风格、不同结构的作品，如何？

马上投入试验！

对于每一篇，我都另起炉灶，单独创作。于是，我便陆续写出4篇：《感谢纸尿裤》《男护士》《深夜提灯人》《长大》。内容相同，但长短不同，角度不同，味道不同。本书选发2篇。

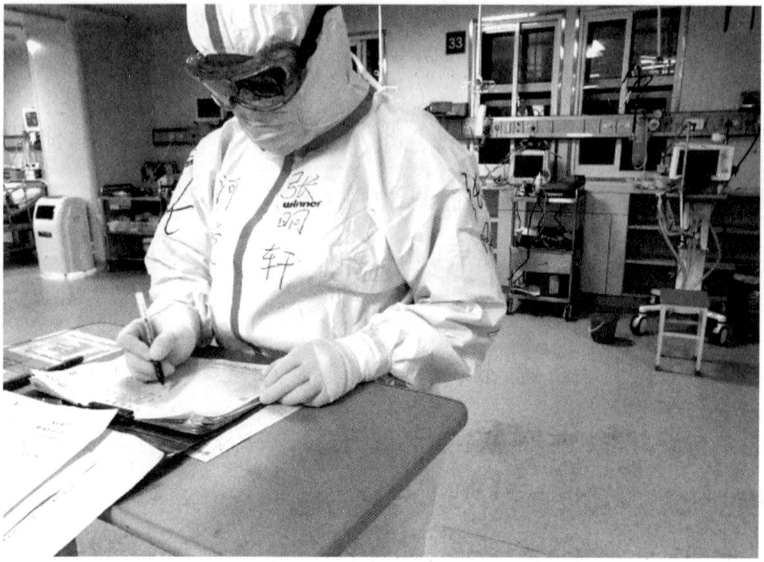

张明轩

29 岁的健壮小伙子，第一次穿上纸尿裤，怯怯羞羞，脸色通红，好似番茄。

但，这是他每天必需的穿着，规定的标配。

因为，他是武汉抗疫最前线危重病房的一名护士！

一、第一次“升官”

2020 年春节之前，他是一个幸福的小男人！

张明轩，1991 年 6 月生于河北省行唐县一个贫寒农家，2012 年毕业于唐山职业技术学院护理专业，当年考入河北医科大学第一医院，先后在心脏外科、院前急救中心、重症医学科担任护士。

青春小伙子，哪个不浪漫？他喜欢看电影、听音乐、玩游戏、搞摄影等。

小家庭也温馨安宁。妻子漂亮贤惠，且与他同行。他们喜欢旅游，除了北方城市之外，已经去过南方的广州、厦门、昆明等地。下一站，他们打算乘高铁去武汉。那里，是中国版图最中心，有长江东湖黄鹤楼。

生活的变奏，始于2019年9月。妻子生下儿子，不足月，剖宫产。从此，节奏变得沉重起来。

紧张、忙碌是主旋律。孩子晚上哭闹，时时小恙。于是，他下班之后，匆匆回家，做饭、洗衣、拖地，特别是给儿子换纸尿裤，三下五除二，把小屁股包裹得严严实实、舒舒服服。虽然人困马乏，却也乐此不疲。

渐渐地，他的世界里，只剩下两个人：一个女人，一个小人儿。

父母在农村，家里种着几亩庄稼，养着几十棵果树。他们常常有些惭愧呢，因为不能像别的老人那样，照看孙儿。

他安慰父母说，我长大了，我“升官”了，我也是家长了，哈哈。

父母笑了。

二、闪击武汉

迫近年关，“冠寇”来犯。举世震惊，凝眸武汉！

眼看疫火汹汹，患者与日俱增。出于职业本能，张明轩暗想，前线肯定需要大批医务人员。

果然，大年初一值班时，传来消息，省里正在组建援鄂医疗队，紧急驰援。本院将派遣一支五人小分队，队长由感染科副主任张征担任，现急需重症护理护士，自愿报名。

他心中怦然震颤。自己年近三十，古人说“三十而立”。立是什么？立，就是独立，就是担当，就是不能再让父母担心，就是要让领导同事放心，就是要对社会奉献爱心。

想到这里，他突然深深自责起来，同时也产生了一股巨大的冲动：我要上“前线”！

抗日战争时期，白求恩就在自己家乡一带的战地医院工作，去世后也埋葬在那里。儿时，自己崇敬白求恩；学医之后，更是景仰有加。自己也曾有过冲动，却总是凉凉热热。现在，不就是最好的机会吗？

忽而，心底又松软了。妻子即将休完产假返岗，如果自己离家远行，前途未卜，想想可爱的儿子，实在于心不忍。

旋即，他又骂自己懦弱、软蛋、胆小鬼。于是，他连夜写下了“请战书”。

一天早晨下班回家，妻子得知此事，沉默不语，一任泪花晶莹。

张征劝他再慎重考虑一下。毕竟，孩子只有几个月，他是家里的顶梁柱呢。

可是，国难当头，火烧眉毛，还考虑什么呢？况且，妻子的态度也变得积极起来，并已邀请丈母娘紧急驰援。

他，再一次严正地表达了决心。

张征惊喜过望，回复微信，字只有 1 个，可感叹号，却多达 6 枚，像 6 个大拇指，像 6 颗小炮弹！

战时状态，一切从简。干脆利索，火速闪电。

当天下午分组集结，日落之后全体汇合，晚上 8 点誓师出征，凌晨 4

点抵达武汉。

旋即,张明轩被分配至武汉市第七医院重症病房。

这是他平生第一次走进武汉，可做梦也没有想到，竟然是以这种形式!

三、赶鸭子上架

正式上岗之前,是简短而严格的培训。

重症病室护理实施6小时工作制，即每天轮岗6个小时，但实际时间,远远超出。

病毒传播,多以气溶胶为载体,悬浮空中,无声无息、无影无踪、无孔不入。因此,上岗前后的防护虽项目繁多,但异常关键。比如,他们最重要的铠甲——全套防护装备,包括医用口罩2层、医用防护帽、护目镜、橡胶手套2层、连体防护服、高腰鞋套等。仅仅穿戴,就需要10分钟。

但这些啊,仅仅是毛毛雨、小碟菜。

俗语说,登山容易下山难。在这里,完全可以加倍翻番再乘二地说,穿衣容易脱衣难!

由于沉浸重症病房6个小时,浑身沾满病毒。出来之后,必须进行最严格的消毒。

顺便说一下医护人员的防护等级:一级防护,需穿工作服、隔离衣,戴工作帽和医用防护口罩;二级防护,增加医用外科口罩、护目镜、鞋套和手套,也就是医生进行重症手术时的装束;而三级防护呢,则需要再加穿戴一次性防护服、防护型口罩、双层橡胶手套等。此次,医护人员采用的便是三级防护。

这,是目前国际上传染病防治领域内的最高等级了。

但是,此次大疫,极其特殊,病毒凶残又狡猾。所谓古今战争之道,最基本的准备便是知己知彼,即大致了解敌军的方位、装备、兵力等。

可本次战"疫"之始,人类对敌方病毒的了解,微乎其微,特别是其变异方向和传染途径,更是知之甚少。可以说,我们面对的是无形,是空气,是魑魅魍魉。所以,我们只能在原来三级防护的基础上,再次大大地提档升级。

且让我们耐心地看一看脱下防护装备时冗长、烦琐的程序吧。

简而言之,需通过 4 个密闭专区,前后 27 个步骤,仅手部消毒就多达 12 次。特别是最后的全身洗消,必须依次进入 3 个沐浴间……

整个卸装洗消过程,至少需要 50 分钟。

这是烦琐吗?这是浪费吗?这是形式主义吗?

不是,绝对不是!

这是人类现代医学科技最简化、最有效、最精准、最省时的消毒程序。只有这样,才能保证医护人员的绝对安全。

正是因为进入重症病房如此艰难,正是因为防护服只能一次性使用且价值不菲,所以医护人员一旦进入病房,必须完工,才能撤离。

现在,问题出来了:在病房期间的排泄问题,如何解决呢?

祖宗有谚:"管天管地,管不住拉屎放屁。"

这可是一个永恒的世界难题啊。

于是，纸尿裤隆重出场了！

纸尿裤，最早起源于20世纪80年代的航天领域，目的是解决航天员尿急问题，后来引入现实生活。

但，这是婴儿专利、女性密友啊。

虽然过去某些危重病人大小便失禁，偶尔使用，但今天，把纸尿裤与自己联系起来，还是让人炸裂三观。

“本人张明轩，29岁，身体健壮，一个生猛的大男人啊。”

张征劝他，若不穿纸尿裤，至少要连续禁水绝食18个小时，对脾胃有损。即使不吃不喝，如果闹肚子呢？孩子，还是穿上吧，有备无患，免得尴尬啊。

他仍是犹犹豫豫，给妻子发微信，征求意见。

妻子也是一位重症护理护士，虽然也没有类似经验，但经过综合考虑后，还是做出慎重决定。

妻子回复内容里，字只有1个，而感叹号也多达6枚，像6颗小辣椒，像6根大钢钉。

就这样，他红着脸，平生第一次穿上了纸尿裤。

赶鸭子上架！

四、深夜提灯人

张明轩穿上了纸尿裤，下一个程序就是进入重症病房。

这里的患者大都下过病危通知书，徘徊在鬼门关外，危立于悬崖边缘。

战“疫”伊始，为了最大限度地降低死亡率，国家从各地医院征招优秀重症护理护士，对危重病人不惜代价，重点护理。

每个护士，只负责 2 名病人。

过去，我们许多人可能对护理专业理解不够，总感觉治疗是主角，护理是配角，甚至是随从。

其实，对于危重病人来说，虽然治疗是关键，但护理同样重要。

平时谈到健康观念，我们总是说“三分治，七分养”，但在重症护理领域，完全可以说“三分治，七分护”。一个危重病人，如果护理得当，全程用心、无微不至，就可能起死回生。倘若粗枝大叶、三心二意，其结果，可想而知。

医学护理到底多么重要，现试举一例。

1854 年年初，克里米亚战争爆发，英国参战官兵伤病员的死亡率一度高达 50%。

弗洛伦斯·南丁格尔经过分析发现，主要原因是伤口感染导致伤情加重。

同年 10 月，南丁格尔率领 38 名护士抵达前线。经过认真的战地护理，伤病员死亡率竟然降至 2.2%。由于她每个夜晚都手执风灯巡视，伤病员们亲切地称她为“提灯女神”。

南丁格尔，由此成为护士的形象代表！

随着医学科学的发展，现代护理更科学、更专业、更精准，能够极大地降低重症患者死亡率。

危重护理，极像拔河，实在是与死神抢病人。

他们，无疑是人类健康的深夜提灯人，长寿的神圣保护神！

在这里，还有一个话题，那就是护士的性别问题。

我们印象中的护士形象，大多是头戴燕尾帽、身着白大褂的女性。

的确，中国的护士群体，90%以上是女性。她们温柔、善良、细心，天生具有一种圣洁的母爱。

但在这个女性为主的世界里，男人也顶半边天啊。况且，这个领域的某些工作，更适合男性担当。就像妇产科医生，过去只能是女性，但随着现代医学的发展，妇产科出现了越来越多的男医生。护理领域，更是如此。

事实上，很多环节，男性比女性更具优势。他们体力更好、耐力更久，尤其在辅助治疗时，手法更精妙、判断更精准。所以，在近些年的护理领域，出现了越来越多的男护士，更加坚实和丰满了这个神圣世界。比如我们本文的主人公。

张明轩为什么要当护士呢？

也许是因为没有考入理想的大学，也许因为家庭贫困无可选择，也许因为没有因为只有因缘。但无论怎样，当他选择这个专业之后，当他向南丁格尔宣誓之后，他的思想愈发地变得单纯、坚定了，从而也更加圣洁了。他已经认定，这就是他的人生，这就是他的生命，这就是他的未来。

现在，未来已来！

来之必战，战之必胜！

他，就这样忐忐忑忑却又义无反顾地走进了中国武汉最前线、最火热的危重症病房！

五、战场与情场

是的,现在的武汉市第七医院重症病房,就是他的战场,他的情场,他的生命,他的生活。

张明轩负责 20 号和 31 号 2 个床位。

危重病房,仿佛一个流转台。全市 10 余家医院轻症病房的患者,如果病情恶化,便进入危重病房。经过精心诊治和悉心护理,若是好转且稳定,便转回轻症病房,走向康复。假如继续恶化、回天无力,则善待遗体、转入太平间。

可想而知,凡进入此间的危重患者,大多昏迷不醒,凶多吉少。

面对这些患者,他需要拿出全部的热心、耐心和爱心,去覆盖他们,去融化他们,去感染他们,去拯救他们,去引领他们。引领他们睁开眼,张开口,去吃饭,去微笑,去伸腿,去说话,哪怕去生气,去骂人,去打人……

然而,重症护理,异常繁重。

危重患者,长时间同一姿势卧床,极易引发血流不畅和压疮,因此必须定时为其翻身。

由于患者身上装有氧气管、吸痰管、鼻饲管、输液管、导尿管、生命体征监测仪线路等管线,为其翻身前后必须妥善整理,仔细检查,确保正常。接着要为患者拍背,以防引发坠积性肺炎而导致病情恶化,同时还要进行吸痰……

所以,为患者翻身,必须多人通力协作。

张明轩与同事为病房里的15名患者翻一次身,需要1个多小时。而每隔2个小时,就要重复一遍。

间隔期间,不仅要测量体温、脉搏、呼吸、血压,还要及时清理大小便、擦洗身体等。

病房里来了一位年轻叔叔,姓杨,是一位火车司机。虽然不能言语,却是本病房唯一有意识的患者。

张明轩经常见他嘴唇翕动,却又难言,唯两眼泪光,闪闪烁烁,充满着对生命的渴望。

张明轩总是边护理边鼓励,还不时地向他报告日渐转好的各项指标。

还有一位伯伯,重度昏迷。但是,张明轩还是不停地宽慰他,仿佛他能够听到一样。而且,他还会轻轻地握住伯伯的手,捏一捏。

那一天,伯伯的手终于有了动感,若有似无地勾了一下他的手指。

张明轩坚信,这就是伯伯给予他的回应。

一位阿姨,初来病房的时候,没有知觉。但张明轩每天坚持与她"话疗"。

几天以后,阿姨眼角淌下了泪滴,甚至还眨动一下眼皮……

六、父子"反目"

每次进入病房不久,护目镜镜片都会悄然起雾,像冬天里结雾的车窗,眼前一片朦胧。

为患者输液或采血穿刺,眼睛看不清楚,用手触摸又没有感觉,而患者重度昏迷,也不可能配合。

张明轩摸摸索索,试试探探。正要进针,不放心,他再次用手探摸,发现进针位置竟然是自己的左手。

天啊,他不由得倒吸一口凉气。

万般无奈之际,他发现护目镜镜片上的水珠,正亮晶晶地映射着灯光。

水珠不是会产生凸透镜的效果吗?把目光集中到一个较大的水珠上,说不定还能把聚焦点放大,看得更清楚呢。

他立即俯身。

然而,水珠太小了,光线散射,眼前只是麻麻乱乱的一团。

身体前倾,护目镜几乎贴在了患者的手腕上。

奇迹出现了,一个芝麻大小的暗青色斑点,映现在了水珠上。他屏气凝神,小心试探,慢慢进针……

更困难、更危险的是为患者吸痰及标本采样。

为患者使用无创呼吸机,其肺部插管后痰液和其他分泌物增多,会引发呛咳,产生大量的飞沫和气溶胶,从而导致病毒扩散。

必须定时为患者吸痰。吸痰后要对痰液进行采样,留置标本。

呼吸机与吸痰器是通过软管相连的密闭系统,所以痰液采样时,必须将吸痰管断开,不仅操作程序烦琐,而且还会致使气溶胶溢出,病毒扩散风险大大增加。

能不能使吸痰器与痰液标本留置装置直接密连接呢?

这,无疑是一个科学难题啊。

更危险且尴尬的,是为患者处理大便。

虽然张明轩已入职 8 年,早有经历,但那都是常规环境,而且有患者家属协助。而现在,虽然戴着双层口罩,仍然恶臭熏人,胃中翻江倒海。

而这,还远在其次,最可怕的是病毒很有可能会通过粪便传播。眼前看得见的是黑黑黄黄,看不见的却是亿万张牙舞爪的病毒和恶魔。

…………

一天晚上,妻子打来电话,探问工作情况。他微微一笑,轻描淡写。

他要和儿子视频,小家伙却扭过脸去,一副不和陌生人说话的模样。

七、尴尬的火龙果

说曹操,曹操到。

想曹操,曹操也会到。

由于心理和身体压力巨大,特别是生活节奏变化剧烈,生物钟还是出现了紊乱。

开始,他严格遵守规定,提前禁水禁食。果然,一连几天,没有尿意。纸尿裤没有派上用场,白白受了委屈。

但几天过后,内分泌波段出现起伏,时时有尿意。

张征劝他,既然穿着纸尿裤,那就用一用嘛,不要憋尿。

婴幼儿不自觉,可以随时解决。可是,成年人需要条件反射。站在人前,怎么能尿出来呢?

那一次，实在受不住，却又尿不出。怎么办呢？他走到墙角，闭眼，经过2分钟酝酿，终于大河奔流。

这是他记忆中，第一次“尿裤子”。

还好，纸尿裤又名尿不湿，里面是高吸水性树脂。撒尿后，裆部仍然干爽，没有想象中的难受。

于是，再有尿意，就放开了。

但是，这“宝贝”毕竟主要针对婴幼儿，哪堪成人之重。如果尿液多了，便会有所反应。胀胀的、沉沉的，仿佛裆部挂有一坨重物。

这个时候，千万不能挤压啊，只能小心翼翼、蹑手蹑脚，就像一个习惯性流产的孕妇，时时呵护着自己的小腹……

小问题解决了，大问题接踵而来。

有一天凌晨，他感觉不适，腹内电闪雷鸣。不好，要出大事！此时，距离下班还有3个小时。怎么办？他只好给自己下命令。命令只有一个字，憋！

此中感觉，实难煎熬。秒针铿锵作响，时针按兵不动，而内部洪灾汹涌，惊涛裂岸。

正在这时，病房送来一个病人。他赶紧帮忙，一起忙活。忙碌的时候，竟然忘我。

6点时，病人安顿了，肚子又开始了。他骂自己没出息，不争气，又给自己下达二级防护命令，命令也随之升级为两个字：憋！憋！

这时候，病人该翻身了。他全力投入，感觉浑身的汗水像小溪一样，往下流，靴子里已有积水。

此时,距离下班还有20分钟,可肚子实在顶不住了。他再一次严厉警告自己,并下达了三级防护命令,命令也加强为三个字:憋!憋!憋!

7点钟,终于到了。

他把两名病人护理的下一环节工作全部料理好,就直接站在病房门口。

替班同事的身影终于出现了。他打开大门,快步走出去。但下一步环节,却是一项不能少,一步不能快。该死!他心急如焚,却又不得不一件件地脱下,再一次次地消毒。程序太多了,太多了……

他终于没有忍住,他实在忍不住了。老天管不住的事,老子何德何能?武汉,对不起了!

一阵"泥石流",冲击纸尿裤。

成人的粪便,功率十足,臭气熏熏。

多么尴尬啊,多么尴尬啊。

他的脸,红通通,通通红,像番茄?不,像火龙果!

蹲在地上,马上处理,他把满负荷的纸尿裤和下身内衣,全部投入垃圾箱。

而后,飞一样跑进沐浴间……

八、零死亡

虽然敌人陌生,虽然曾经慌乱,但枪口,却是越来越精准了。

全中国的医学科学家,集中智慧,在摸索、寻找治疗方法。

施用抗病毒药物、增强免疫力、纠正水电解质平衡紊乱、血浆疗法等,效果越来越明显。

…………

重症病人的眨眼、点头、握手等，都是进步，都是鲜花，都是月亮，都是太阳，都是喜讯。

更别说，他们度过危险期后，一个个转入轻症病房去了。

等待他们的，是春天，是家人。

这样的喜讯，每天都会有。

火车司机叔叔转入轻症病房那天上午，张明轩正好轮休，但他还是穿戴整齐，来到病房门口。

叔叔看到他，满脸惊喜："小张，你怎么来了？"

"送您，祝贺！"

"我该好好谢谢你呀！"这个40多岁的大男子，眼泪横流。

天底下，还有比这更幸福的眼泪吗？

他的两大困惑，也终于突破了。

他曾用手机上网，搜索护目镜防雾办法。网上提示，可在镜片内侧涂抹皂液。

第二天实验，效果不尽如人意。后来他又试用沐浴液、洗发水、洗手液，也不理想。这时，他忽然想到剃须泡沫。如法炮制，效果明显。可是，两三个小时之后，热汗蒸腾，仍然失效。

年轻人总有很多稀奇古怪的想法呢。有一次，他把脑袋伸到紫外线消毒机的风口下，模拟冬季汽车玻璃除雾法。

石破天惊,竟然成功!

从此以后,病房里经常会看到这样怪异的场面:医护人员伸着脑袋,在消毒机前"消毒"。

您休要笑话,这不是在消毒,而是在除雾!

…………

吸痰器与痰液标本留置装置,如何能够直接密闭连接?

连续几天,他一直在暗自琢磨。

注射器、输液器、留置针、医用胶带、一次性医用导管等常用器材,逐一研究,但无一可用。

最终,他惊喜地发现了医用玻璃接头和负压吸引软管。

对吸痰器和标本留置装置进行简单改装,然后用玻璃接头和负压吸引软管进行密闭连接。

经过反复试验、改进,效果奇好!

同事和科室领导倍加赞赏,认为这项技术完全可以申请实用新型技术专利。

张明轩淡淡一笑,随即将成果在微信群里公开,并附加说明。

而后,这项技术从第七医院出发,迅速飞遍了武汉市全部的重症治疗室。只是,大家都不知道它的"发明人"是谁。

密码公开了,"专利"失效了,但整个前线重症医疗的质量,明显提高了……

一个个喜讯,在内部传播着、推广着。

他处理病人纸尿裤的大便,也从容多了。谁不生病呢?谁家没有老人呢？谁不会变成老人呢？这是人类的自然现象啊。

心理上也放开了，给病人换纸尿裤，手脚也格外麻利起来，像侍候着自己的亲人。

而这时，病人的眼眶中，便会泛动泪光。

这些，像电流，便会在他的心底“噼噼啪啪”作响。

也许，这就是情感的连通，这就是灵魂的默契。

他明白，这个岗位，就是自己的工作，自己的生活，自己的一切。

而这个岗位，也最能体现人类文明最细微、最完善、终极的爱。

这是人类生命最后的温暖，最完美的句号。而每个人，谁不想有一个最美满的句号呢？善始善终，养老送终，终老天年，寿终正寝，这正是人类的终极理想啊。

未来的人类，必须要高度重视危重病护理啊。

这个工作太重要了、太重要了，不仅可以大大降低危重病的死亡率，还可以保证人类的生命安全和维护人类的生命尊严。

不仅危重病人需要护理，健康人群也需要护理啊。神圣的护理，全面的护理，真正的护理，可以为所有的生命和幸福护航！

…………

河北省医科大学第一医院重症科护士张明轩，就这样在抗疫最前线的武汉市第七医院的重症病房里，足足工作48天，直到送走最后一位患者。

检点战果，张明轩共护理危重患者82人次，0死亡！

九、天上掉下个护士长

在河北医科大学第一医院援鄂小分队中，张明轩年龄最小。

赴鄂之初，大家相约：共同照顾这位小弟弟。

但谁也没有想到，仅仅一天之后，这种照顾与被照顾关系居然颠倒过来，大家反而成了他的照顾对象。

抵达武汉第一天，经过长途跋涉和紧张培训，大家都已疲惫不堪。可是，刚刚就寝，却突然接到去火车站领取医疗物资的通知。

张明轩翻身起床，冲到楼下。队长爱惜地说，你明天一早得上岗，就别去搬运物资了。

“放心吧，我能行！”

连日来，张明轩似乎不知疲倦，不仅病房里的工作井井有条，时有创新，而且业余时间还主动担任医疗队的后勤保障员。

和所有年轻人一样，张明轩也喜欢电子产品和网络，能够熟练使用多款软件和系统。拍视频、拍照片、视频剪辑、制作音乐相册等，样样在行。

这一切，队长张征都看在眼里。

这个小伙子，比自己的儿子大不了几岁，过去总感觉他青涩、不成熟，全面了解后，却发现不是这样。尤其到武汉后，小伙子更是一天天在变化。于是，队里的汇报、总结等，也开始委托他了。有记者采访，也让他充当新闻发言人。

他还写了许多新闻稿件呢，其中有 20 余篇在中央人民广播电台、湖北卫视、河北卫视等媒体播出。

2月上旬,湖北省副省长前来慰问。医疗队领导和同事推荐他代表一线护理人员介绍情况。第一次出席高规格场合,他虽然很紧张,却也算圆满。

2月底,河北省委书记与援鄂医疗队视频连线。这一次,他再次出场,便显得沉稳了许多,谈起工作有条有理,说到生活亦庄亦谐。

2020年3月5日,国家卫生健康委、人力资源社会保障部、国家中医药管理局联合授予张明轩“全国卫生健康系统新冠肺炎疫情防控工作先进个人”称号。

3月10日,河北医科大学第一医院党委宣布任命:张明轩同志拟任院前急救中心护士长。

时代风雨中,战火硝烟里,穿着纸尿裤的张明轩,长大了!

(2020年3月23日作于武汉市洪山区水神客舍1301房间)

男护士

创作背景

一个主人公的素材,分别创作4篇风格、结构不同的作品,这是一次大胆的尝试。因为是第一次,因为时间太短、约稿太紧,因为现场创作条件不足,所以,虽然不算特别成功,仍是取得了初步效果。

《感谢纸尿裤》的重点在于从正面、从细节方面较为细腻地描写,展示重症护理工作的大致流程和其重要性,让人们真正地了解和理解医护人员在前线极其艰险的工作环境。

而这篇《男护士》则用一种较为远景且跳跃的笔法,写出主人公的工作、生活和理想。虽然部分内容相同,但笔法不同。

应该说,这是一次有意义的尝试,但仍嫌匆匆。将来,我会精心地选择一个素材,用几种不同的笔法写作,争取写出精品,以进一步探索纪实文学创作的多种可能性。

在人们的印象中，护士向来是温柔细腻的女生们的专利。“粗枝大叶”的男子汉们，似乎不太适宜，就好比张飞绣花、李逵煲汤。

的确，在这个洁白的世界里，多有红颜，极少丁壮。

由于我现在在武汉写这篇文章，那就以当地数据举证吧。

据 2019 年 9 月 8 日《楚天都市报》报道：武昌理工学院护理学院已有 20 多年办学史，入读者清一色女生，只是最近一两年才有男生报考：2018 年 23 人，2019 年 46 人，占比约 13.7%……

男护士体质好、力气大、动作快，心理抗压能力强，较适合现场抢救、重症护理等方面的工作。

总之，随着社会发展，男护士会越来越多呢。

张明轩，就是一位男护士！

一、男孩浪漫

1991 年 6 月，张明轩出生于石家庄市行唐县一个普通农民家庭，2012 年从唐山职业技术学院护理专业毕业后考入河北医科大学第一医院，先后在心脏外科、院前急救中心、重症医学科担任护士。

和许许多多的男孩子一样，张明轩从来都是浪漫为怀，有着多种多样的爱好和想象。要说，这原本就是无可厚非，哪个年轻人不是这样呢。

但，如果在这种“泛爱”的同时，再有一种专注、一种追求、一种承担，是不是更好呢？特别是从自己的职业出发。或者，干脆把职业与事业结合起来，形成自己的生命热火，岂不更是好上加好吗？

可惜，我们大多数人总是满脑袋美梦，满心窝设想，却没有真正付诸行动，或总是埋怨出身不佳、命运不济、社会不公等，从而沉沦于眼前的平静、庸常和舒服，把自己躲藏在叹息后，掩埋在无奈中，坐看花开花落，春去秋来。猛然惊醒，白发爬满头。

其实啊，生活总是机会多多，只是你认真与否，投入与否，火热与否。

比如我们本文的主人公。

青春期的张明轩，曾经有过许多梦想，有的小成功，有的花落去。对于从事护士工作，他有一种对职业的热爱，却又缺少一种对事业的炽爱。他想和这个像美女一样的职业谈一次轰轰烈烈的恋爱，结一生恩恩爱爱的婚姻，生一群漂漂亮亮的孩子，却又总感觉缺少一种激情，甚至狂热。于是，便总有一种不甘，总有一种渴望。

渴望什么，却又说不清楚。于是，只好等待，只好苦恼。

万万没有想到，鼠年春节，武汉市的一场意外“疫”火，使他的青春，有了一次赤红的燃烧……

二、请战书

岁月如水，波澜不惊。

张明轩命运的小船顺水漂流，浪漫而恬淡。而这一切，很快被打破。

2019 年 9 月，儿子出生了。

从此，时光像被按下了快进键，陡然提速。

又是一年将尽，不觉已是春节。

4 个月的儿子虎头虎脑，煞是可爱。这位“新上任”的爸爸，总是情不自禁地摸出手机，拍照，发朋友圈。

妻子见他“得意忘形”的模样，高兴地“嗔怪”：已经当爹的人了，还像一个孩子。

静下心来想一想，是啊，自己已经不是孩子了，是应该有所出息了。可是，平静的工作，平静的生活，无从下手啊。

唔，就要过年了，还是从长计议吧。

年关已至，“冠寇”来犯。举世震惊，凝眸武汉！

确诊患者与日俱增，全国民众心急如焚。出于职业本能，张明轩敏锐地意识到，那里肯定需要大量医务人员。

此时，他心中怦然震颤。自己已近而立之年，古人说“三十而立”。立是什么？立就是独立，就是担当，就是不能再让父母担心，就是要让领导同事放心，就是要对社会奉献爱心。对照这些，自己还是一只“菜鸟”啊。

想到这里，他突然深深地自责起来，同时也产生了一个强烈的冲动：我要上“前线”！

抗日战争时期，白求恩就在我家乡一带的战地医院工作，去世后也埋葬在那里。儿时，自己就崇敬白求恩；学医之后，更是景仰有加。自己也曾有过冲动，学习白求恩。现在，不就是最好的机会吗？他想。

于是，那几天，他同妻子和岳父母谈起疫情时，或是给老家父母打电话时，总是有意谈论这方面的话题：国家有难，正是有志男儿大显身手的时候，同事们都在秘密商议着，报名去武汉……

他不动声色的渗透工作刚刚开始,“集结号”骤然吹响。

大年初一值夜班的时候,医院通知说,省里将组织医疗队支援武汉,自愿报名。

他虽然已有打算,但还是心底犹豫。妻子是石家庄市儿童医院的一名护士,即将休完产假返岗,此时如果自己离家远行,便是赴汤蹈火,生死难料,想想襁褓中的儿子,实在于心不忍。

旋即,他又骂自己懦弱、软蛋、胆小鬼。于是,他连夜写下了“请战书”。

早晨下班回家,妻子得知此事,沉默不语,眼中泪花晶莹。

中午,医院通知:下午 2 点 30 分,集结出发!

放下电话,张明轩默默地看看妻子。

这个瘦弱的女人,泪流满面,却已开始为他收拾行装……

三、在战场

大年初三凌晨 4 点,河北省援鄂医疗队抵达武汉。

偌大的武昌火车站广场上,空无一人,只有迎接医疗队的公交车孤寂地趴在一旁,上面贴着一张写有“武汉加油”字样的白纸。

医疗队未及休整,由国家卫健委专家亲自授课的培训便开始了。

培训内容除了介绍新冠病毒的凶恶嘴脸和防护要诀,专家还着重宣讲了医护人员的紧急自救措施,比如防护服意外破损怎么办,为患者穿刺时扎伤自己怎么办,等等。

张明轩边听边记,却又有些不以为然:身为医护人员,如果为患者穿刺时出现扎伤自己的“脑残级”失误，岂不让人笑喷？还是专业护士？

…………

第二天早晨8点，张明轩在武汉市第七医院重症病房正式上岗。

病房里原有6张床位，随即增至12张，而后15张。其中14名患者使用无创呼吸机，而且有10名需要俯卧位通气，还有3台血滤机24小时紧张运行……

每位护士分管2到3名危重病人。

工作强度，让人望而生畏，而困难，更是超乎想象！

进入病房不久，护目镜镜片悄然起雾，像冬天里结雾的车玻璃，眼前一片朦胧。

为患者输液或采血穿刺，眼睛看不清楚，用手触摸又没有感觉，而患者重度昏迷，也不可能配合。

张明轩摸摸索索，试试探探。正要进针，不放心，他再次用手探摸，进针位置竟然是自己的左手。

天啊，他不由得倒吸一口凉气。

培训课上专家所言，绝非玩笑！

万般无奈之际，他发现护目镜镜片上的水珠，正亮晶晶地映射着灯光。

水珠不是会产生凸透镜的效果吗？把目光集中到一个较大的水珠上，说不定还能把聚焦点放大，看得更清楚呢。

他立即俯身。然而，水珠太小了，光线散射，眼前只是麻麻乱乱的一抹。

身体前倾,护目镜几乎贴在了患者的手腕上。

奇迹出现了,一个芝麻大小的暗青色斑点,映现在水珠上。他屏气凝神,小心试探,慢慢进针……

竟然一次性穿刺成功!

四、脑袋消毒

夜晚下班后回到驻地,张明轩想想白天的操作,不禁后怕。

患者多多,每天输液、抽血、抽血气,一遍遍穿刺,不会总是这样幸运吧?

他立即用手机上网,搜索护目镜防雾办法。佩戴护目镜之前,在镜片内侧涂抹皂液,简便可行。

第二天进行实验,效果不如人意。后来他又试用沐浴液、洗发水、洗手液,也不理想。这时,他忽然想到了剃须泡沫。随后如法炮制,效果明显。可是,两三个小时之后,热汗蒸腾,仍然失效。

年轻人总有很多稀奇古怪的想法呢。护目镜镜片再次结雾后,他把脑袋伸到紫外线消毒机的风口下,模拟冬季汽车玻璃除雾法。

石破天惊,居然成功了!

从此以后,病房里经常会看到这样怪异的场面:医护人员伸着脑袋,在消毒机前“消毒”。

您休要笑话,这不是在消毒,而是在除雾!

五、发明人

患者使用无创呼吸机，肺部插管后痰液和其他分泌物增多，会引发呛咳，产生大量的气溶胶和气沫，从而导致病毒扩散。

必须定时为患者吸痰。吸痰后要对痰液进行采样，留置标本。

呼吸机与吸痰器是通过软管相连的密闭系统，所以痰液采样时，必须将吸痰管断开，不仅操作程序烦琐，而且还会致使气溶胶溢出，病毒扩散，风险大大增加。

能不能使吸痰器与痰液标本留置装置直接密闭连接呢？

这，无疑是亘立在医护人员面前亟待解决却又难以攻破的顽固壁垒！

张明轩细细观察，暗自琢磨。

注射器、输液器、留置针、医用胶带、一次性医用导管等常用器材，他逐一研究，但无一可用。

最终，他惊喜地发现了医用玻璃接头和负压吸引软管。

对吸痰器和标本留置装置进行简单改装，然后用玻璃接头和负压吸引软管进行密闭连接。经过反复试验、改进，他竟然有效攻克了这一难题。

同事和科室领导见状，倍加赞赏，认为这项技术完全可以申请实用新型技术专利。

张明轩淡淡一笑，随即将成果在微信群里公开，并附加说明。

而后，这项技术从第七医院出发，飞遍了武汉市全部的重症治疗室。只是，大家都不知道它的“发明人”是谁。

密码公开了,“专利”失效了,但整个前线重症医疗的水平,提高了……

六、与死神拔河

对于医学护理的重要性,我们多数人或许只是一知半解。

1854年年初,克里米亚战争爆发,英国参战官兵死亡率一度高达50%。

弗洛伦斯·南丁格尔经过分析发现,英军死亡的主要原因,是官兵受伤后没有得到适当护理,因感染导致伤情加重,而阵地死亡,反而不多。

同年10月,南丁格尔率领38名护士抵达前线。经过认真的战地护理,伤病员死亡率竟然降至2.2%。

南丁格尔,由此成为护士的形象代表!

随着医学科学的发展,现代护理更科学、更专业、更精准,能够极大地降低重症患者死亡率。具体数字,“度娘”不知。询问专家,凿凿断言,当在25%以上。

我们只需看一看张明轩所在重症病房的护理场景,便可管中窥豹。

所谓重症患者,即病危患者,多数处于重度昏迷状态,长时间同一姿势卧床,极易引发血流不畅和压疮,因此必须定时为其翻身。

由于患者身上装有氧气管、吸痰管、鼻饲管、输液管、导尿管、生命体征监测仪线路等管线,为其翻身前后必须妥善整理,仔细检查,确保正常。接着要为患者拍背,以防引发坠积性肺炎而导致病情恶化,同时还要进行吸痰……

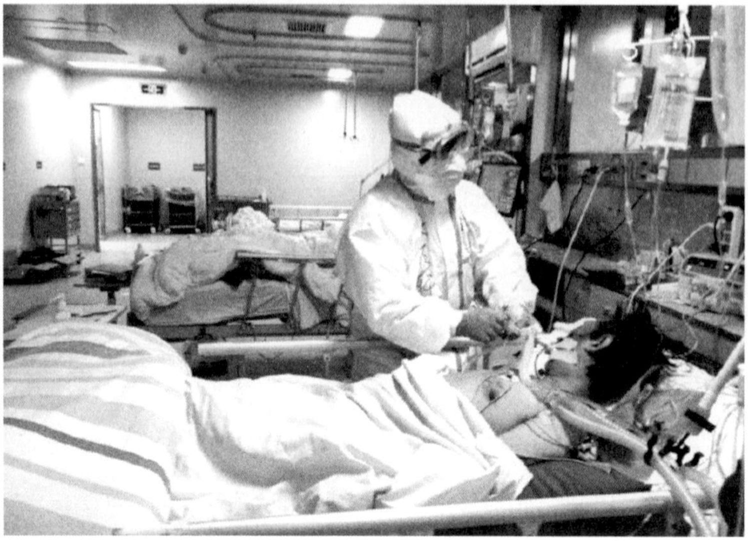

正在护理病人的张明轩

所以,为患者翻身护理,必须多人通力协作。

张明轩与同事为 15 名患者翻一次身,需要 1 个多小时。而每隔 2 个小时,就要重复一遍。间隔期间,他们不仅要为患者测量体温、脉搏、呼吸、血压,而且还要清理粪便、擦洗身体等。

时时刻刻的努力,都是与死神拔河!

…………

患者病情陆续好转,从而转入轻症病房,从而走向新生。

2020 年 3 月 14 日 14 点 46 分,张明轩送走了最后一名患者。

截至此时,他已在重症病房工作 48 天,共护理危重患者 80 余人次,时间长达 200 多个小时。

最让人惊奇的是结果:0 差错、0 抢救、0 死亡!

七、护士长

在河北医科大学援鄂医疗分队中，张明轩年龄最小。

赴鄂之初，大家相约：共同照顾这位小弟弟。

但谁也没有想到，仅仅一天之后，这种照顾与被照顾关系竟然颠倒过来，大家反而成了他的照顾对象。

抵达武汉的第一天，经过长途跋涉和紧张培训，大家都已疲惫不堪。可是，刚刚就寝，大家却突然接到去火车站领取医疗物资的通知。

张明轩翻身起床，冲到楼下。队长爱惜地说："你明天一早得上岗，就别去搬运物资了。"

"放心吧，我能行！"

连日来，张明轩似乎不知疲倦，不仅病房里的工作井井有条，时有创新，而且业余时间还主动担任起了医疗队的后勤保障员。交班之后，他接连到机场、车站搬运医疗物资。

和所有年轻人一样，张明轩也喜欢电子产品和网络，能够熟练使用多款软件和系统。拍视频、拍照片、剪辑视频、制作音乐相册等，样样在行。业余时间里，他为同事制作小视频和留念影集，活跃枯燥的生活气氛，缓解紧张的工作压力。

他还主动承担起了对"后方"的请示、汇报，以及与兄弟医疗队的协作沟通等任务；此外，他还是医疗队的"新闻发言人"和战地宣传员呢。这期间，他先后写作20余篇稿件，在中央人民广播电台、湖北卫视、河北卫视、河北新闻广播电台等媒体播出。

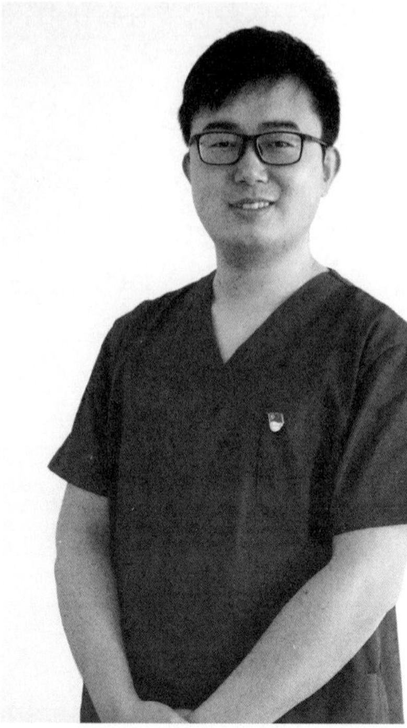

张明轩

2 月上旬，湖北省副省长前来慰问。医疗队领导和同事推荐他代表一线护理人员介绍情况。第一次出席高规格场合，他虽然很紧张，却也算圆满。

2 月底，河北省委书记与援鄂医疗队视频连线。这一回，他再次出场，便显得沉稳许多，谈起工作有条有理，说到生活亦庄亦谐。

…………

2020 年 3 月 5 日，国家卫生健康委、人力资源社会保障部、国家中医药管理局联合授予张明轩“全国卫生健康系统新冠肺炎疫情防控工作先进个人”称号。

3 月 10 日，河北医科大学第一医院党委宣布任命：张明轩拟任院前急救中心护士长。

同事们纷纷跷起大拇指，小伙子，长大了！

（2020 年 3 月 22 日作于武汉市洪山区水神客舍 1301 房间）

书生执笔·赴汉

东湖三题

创作背景

我们借住的小旅舍,是一个单独小院,规模不大、标准不高,却很安静。

小院的后门,通往东湖。里面也是一个独院,停放着一些装备了复杂仪器的水文测量车,似乎属于湖北省水文部门。两院中间,是一扇小巧且简易的栅栏门。

写作累了,我就捂紧口罩,到湖边散步。东湖之大,是西湖的四倍有余,浩浩渺渺,一碧万顷,远岸如黛,浓浓淡淡。可此时美丽的她,却是满面愁容、垂首沉思。

我寂寂地走在湖边,踩着满地落叶,仰天俯地,感叹良多。

遂作散文三篇。

太阳的爪印

古人总把太阳比作鸟儿,晨起东隅,夕栖桑榆,黑黑白白,翩翩悠悠。

如果这样,那每天的阳光,洒落在我们身上,岂不是鸟儿的爪印?

的确，一年四季，我们坐在温柔的阳光下，光影飘飘忽忽、闪闪烁烁，真是像极了鸟爪爪，踩在我们的皮肤上，麻麻酥酥、热热辣辣。

还有，我们走在树林中、花丛间，太阳透过疏疏密密的枝叶，栖息在地上，斑斑驳驳、隐隐约约，更像鸟儿的爪印了。

武汉大疫期间，我借住在洪山区的水神客舍，常去后院的东湖边散步。

湖边有一个观水平台，水泥打底，约40平方米。由于人员隔绝，平台便成为寂寞台，便成为鸟儿们的乐园和舞台。鸟儿们时时在这里约会恋爱，你方唱罢我登场，享受自在春光。我发现这个平台时，已是满地鸟粪。我无奈地长叹一声，不敢涉足。这美丽的风景，这肮脏的平台，好可惜呢。

于是，再次散步的时候，便有意避开。

两天之后的一个傍晚，我无意间又走到了那里。可奇怪的是，平台竟然干干净净。

是谁打扫的呢?

不像有人来过。

难道这寂寞台上，自有扫帚?

哦，这两天，雨雨晴晴，风风光光。那些鸟粪，被太阳晒干后，一场大雨，便化为齑粉，流入湖中。剩余的残迹，阳光为爪，爪下生风，风为扫帚，把这小小平台打扫得干净如初。

这世界，原本具有最强大的自净功能呢。过去读古书，常常疑惑：一场战争，血流成河，尸横遍野，何人收拾呢?其实，即使无人问津，几番春秋过后，便荡然无存，郁郁葱葱。在鸟爪爪的指挥下，从狼狗鹰隼，到虫蚁细菌，从电闪雷鸣，到狂风暴雨，一起动手，扫除一切，把所有的死亡和腐败全部沉入水底、埋入地下、进入循环。

只是这平台上，鸟爪踩过，上面还是有了印痕，暗暗的、隐隐的，像少妇的雀斑，似中年的忧郁。

是的，这天地间，凡有生命者，凡有寿命者，都是一个生死更替、悲欣交集的过程，轮回往复，新陈代谢，青青黄黄，明明灭灭。只有太阳，是一只不死鸟儿，代表着宇宙，在过去和未来之间，在前世和今生之间，在时间和空间之间，永恒地飞翔。它的鸟爪爪，踩踏着一切，踩遍着古今，在所有的地方留下了绝对的印迹。踩在时间里，便是历史；踩在空间里，便是沧桑；踩到皮肤上，便是皱纹；踩在你的眼前，便是现实……

这神秘的、神圣的鸟爪印，每天都在默默地踩踏着，踩着你，也踩着我，与我们赛跑。

我们，怎么能跑过它呢？

但是，我们也不能懈怠啊！

且奋飞我们的脚丫丫。

（2020 年 3 月 14 日作于武汉市洪山区水神客舍 1301 房间）

地球是一条鱼

傍晚，在东湖边散步。仰望天空，那是一片浩瀚无际的鱼鳞云，灰灰白白。整个天空,宛若一条大鲤鱼的腹部。

忽然想,我和我们,是在鱼腹之外呢,还是在鱼腹之内?

仔细想去,应该是在鱼腹之内。整个厚厚的云层,包围着地球,当然也包围着我们。云层,显然就是鱼的皮肤了,而那些波浪状或圆环状的云块,就是鱼的鳞片了。

是的,整个地球,就像一条鱼,游动在无垠的银河系中,而其他大大小小的行星和卫星们,就是一尾尾小鱼和一只只虾米了。

古人经常把图腾物幻想成鲲或龙。鲲不就是大鱼吗? 龙不就是虾米吗?这些意象,或许就是古人仰望天空的灵感吧。庄子曰:“北冥有鱼,其名为鲲。鲲之大,不知其几千里也。”

的确,我们都是鱼腹中的一分子。大陆板块,是它的五脏六腑;海洋江河,是它的神经血液;山岳群峰,是它的骨骼肌肉;植物,是它的毛发;而我们动物们呢,便是它的细胞了。

人类啊,不要自大,人只是沧海一粟,森林一叶;但又不能过于自卑,因为宇宙太奥妙,大小均无限。滴水虽小,却又藏海。比如,你的身上,也暗藏着亿万个小宇宙呢。据科学测算,人身上约有细胞 50 万亿枚,同时拥有 10 倍于细胞数量的细菌,而每一个细胞和细菌,都是一粒生命呢。我们,不是单纯的生命,而是 600 万亿左右微生命的综合体。

若从一粒细菌的立场看你,你,也是一条巨大的鱼。

亿亿个我们,携带着各自的亿万宇宙,随着地球这条大鱼,在永恒和须臾间游动着、游动着……

而站在东湖边的我，唯愿做这条大鱼身上的一片微鳞，在时光隧道里，闪烁出一丝白光。

（2020 年 3 月 15 日作于武汉市洪山区水神客舍 1301 房间）

小鸟上班去了

天刚蒙蒙亮，窗外即传来一阵阵小鸟的啾啾鸣啭，细细碎碎、清清脆脆，兴奋而热烈，像做早操的小学生们发出的快活声响。倾耳听去，还有布谷声声，悠扬且欢快。

是啊，后面是东湖，树木繁茂。

早餐后，我回到房间，坐定窗下，拿出笔记本，想象着在鸟鸣声中开始工作。可是，居然满窗清静，一无所有。

哦，它们上班去了。

这里，也许是它们的宿舍、别墅，而它们上班的工作单位，便是远处的树林、楼顶、湖边、草坪……那里，有它们的食物、水源，有它们的同伴，或爱情；那里，是它们的操场，是它们的剧场。在那里，它们可能遇到一位鸟爷爷或鸟奶奶，讲述一段祖先的故事。抑或，遇到一位鸟妹妹或鸟弟弟，重温一场童年的游戏。傍晚，下班了，吃饱喝足了，便回到这里夜宿，做花花绿绿的梦。

小鸟在树枝上睡觉，不担心失足跌落吗？

其实，小鸟与人类的腿部用力方向正好相反。我们的四肢用力需由意识派遣，一旦睡眠，便会放松；而小鸟呢，睡眠越深，双足的抓握力越绷紧，与树枝“焊”为一体。这是物种亿万年进化的结果。不仅鸟类，任何动物都有自己的特异功能。不是吗，想想看？

整个生物界，整个大自然，依然是生机勃勃、春意盎然的原始模样呢。

天地无病，正常运行，只是人间小恙，需要调整。诊治和调整之后，便是百花齐放的春天。

江山永固，日月长恒；河清海晏，时和岁丰。

写到这里，我似乎又听到了小鸟的鸣啭，布谷的呼唤。

什么时候，我们能够像小鸟一样，轻轻松松地去上班？

（2020 年 3 月 2 日作于武汉市洪山区水神客舍 1301 房间）

水神三题

创作背景

我借住在水神客舍的1301房间,长达35日。

这栋小楼只有4层,窗后有几棵树,和一处屋顶;再远处,是武汉市高高低低的楼房和喜喜忧忧的人家。这里位于洪山区,属于主城区。

这个房间,条件实在简陋,面积仅仅10平方米左右,没有桌椅,只在壁挂电视下面有一条1尺宽的简易小桌,以供放置矿泉水、化妆品等杂物,根本无法办公写作。一个圆形的迷你茶几,笔记本电脑放置其上,几乎覆盖。坐什么呢?这期间,湖北省作协党组书记文坤斗、主席李修文慰问时带来两箱牛奶;我的同学、湖北省广电总台副台长张慧莉看望时送我一箱手撕面包。我眼前一亮,把牛奶箱和面包箱摞在一起,便是一个稳如泰山的、香喷喷的、舒适无比的座墩。

如此长时间地居住一室之内,无论如何也会产生感情,也会有家的感觉。的确,大约入住一周之后,我与小屋已经融为一体,不仅习惯了这里的饮食,也适应了这里的气候。我把自己的作息时间表张贴于墙上,每天严格执行。最后,我竟然写出1个长篇和18个短篇,长达25万字。

这是我创作生涯中从未有过的高速度和高产量。

简易小桌

湖北省作协党组书记文坤斗（左一）、主席李修文（右一）

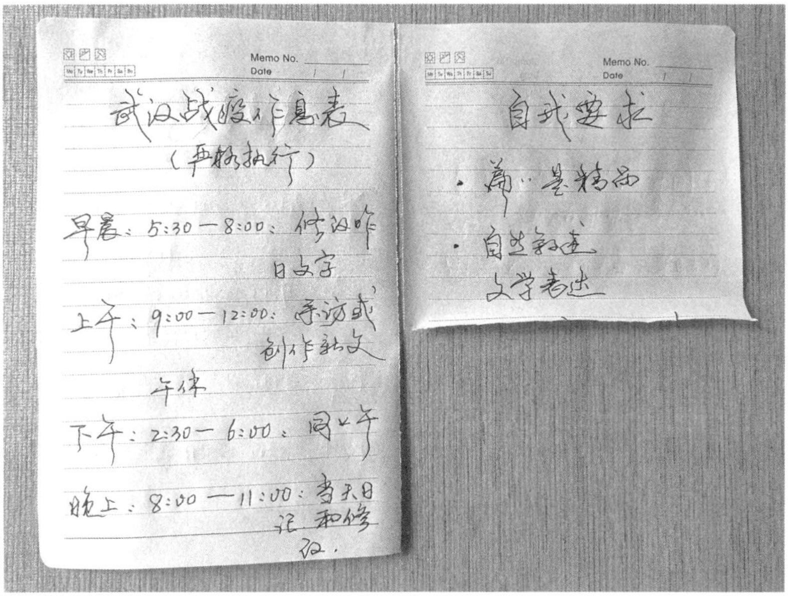

作息表

采访之余，端坐屋内，看着窗外明明灭灭的窗户，想着城内青青黄黄的人生，冥然而思，一任感叹吞吐。遂作散文三题。

一窗鸟鸣

窗后，是一个幽静角落。

几棵云杉，和一片屋顶，显然是小鸟们住宿的家园或约会的场所。每天早上和黄昏，都会有一阵阵稠稠密密的鸟声鸟语。

今天早晨，曦光渐亮。起床后，我悄悄地走近窗台，隔着玻璃，偷窥它们。

树枝上，几只喜鹊模样的鸟儿，正在“叽叽喳喳”地聊天、“啁啁啾啾”地私语。不知说些什么，但见手舞足蹈状，摇头晃脑、旁若无鸟，全是一副得意忘形的幸福模样。

细看，一粒粒晶晶莹莹的小眼睛，贼亮亮，像钻石；一袭袭圆圆滚滚的大肚腩，肥胖胖的，似贪官。说话的时候，灰灰白白的胸部，肌肉颤颤悠悠，像日本相扑士，又像唐朝杨玉环，更像当今时髦女士们的丰乳翘臀。

它们，不用上班，却可以丰衣足食。

它们，不劳而获，却可以温饱无虞。

可想一想，天下万物，除了人类，不都是如此吗？谁在创造财富呢，谁在劳动奉献呢，全都是白吃白喝白享受。

再深思，需要它们劳动创造吗？

太阳、月亮在上，山川、大地在下。大自然给予氧气，给予温暖，给予潮汐，给予四季，给予植物，给予果实。这一切，便是一切生命所依赖的生存家园和衣食父母。

植物界位于生物部落的底端,供养着整个动物界。动物界,在食物链上又分为上中下游。

所有的动物和植物啊,都是天之骄子。

它们,安然地、坚定地生活在各自的位置上,自然地听从天命,快快乐乐,生生灭灭。

这,就是它们的生活,它们的使命,也是它们的宿命。

我这样想着,不禁昂首挺胸,为身为人类之一分子而自豪。是的,唯有人类,可以制造食物,面条、面包、米粉、美酒等;唯有人类,可以创造发明,汽车、电脑、飞机、高铁等。唯有人类,可以……想入非非之余,便有些得意忘形、摩拳擦掌,竟然不自觉地碰撞了一下窗户。

它们大惊失色、魂飞魄散啊。我的妈呀,走光了、泄密了!于是便“扑棱棱”飞去,落在了对面楼房的窗前。

我忽然想,大自然慧心神圣而无所不能、有条不紊,对万物进化有着严格分工和根本界定。

比如,人类有一个成语:如虎添翼。这是某些强悍者和野心家的最高理想。但如果真正实现,那将如何?老虎已是兽中王,原本无法无天、霸凌山林,若是再长出翅膀,能够像鸟儿一样飞翔,那么将天地通吃。所以,为了制衡万物,上天也不会让虎独美。

反之,比如鸟儿,已经占领天空,如果再兼有老虎的凶猛,同样是世界灾难。所以,上天不仅不会赋予其虎的强悍,也不会赠送其狗的智商。

是的,倘若鸟儿具有狗的智商,那么天下的平衡也会被彻底打破。试想，它肯定会被人类利用，借用其灵巧的身体，去偷窥别人隐私，去投毒，去暗杀，去偷盗等等，制造种种混乱，置人类于大乱之中。

而人类，纵然是万物灵长，上天也不会让你拥有小鸟的翅膀。否则，哪里安置鸟儿的家乡？

人类，只是大自然的一部分。所有的制造与创造，所有的文化和文明，顺应自然，美酒便是美酒；背离自然，美酒便是毒鸩。

从这个意义上说，人类与自然界的一切动物和生物，都是朋友，都是邻居。我们快乐，也要欣赏它们快乐。即使是异己者和敌对者，也要尊重人家的选择、人家的快乐。这便是世界的和平与平衡，不同与大同。

若非，如果我们刻意地去打破，那么，最终被打破的，往往会是我们自身。

相互尊重，和谐友好。各自快乐，请勿打扰。

想到这里，再看对面的鸟儿，早已远走高飞了。

或许，此时的它们，就停栖在你的窗前。

（2020 年 3 月 18 日午间作于武汉市洪山区水神客舍 1301 房间）

一橘之城

武汉朋友冒险前来慰问，送来一箱橘子，黄澄澄，煞是可爱。

这些黄澄澄，应该是当地的优良品种，味道格外鲜美。我贪婪地品尝着，又感觉有些可惜，便将剩余的三枚放置窗台，像一件件养心又养眼的工艺品。

就这样看着，既是风景，又是友谊。

可是几天后，我发现其中一个颜色变暗。用手触摸，已经发软，只得扔掉。检查别的，依然饱满光亮。

怎么回事呢？

本是姐妹伯仲，缘何差别忒大。

我拿过另外两个，反反复复地察看，复复反反地抚摸。剥开来，慰劳口舌，仍是味道如初。

看着地上的橘皮，我想，问题肯定就在这里。

万物进化的规律，都是以自我生存和发展为中心，在自我保护上竭尽全力，无所不用其极。人类的皮肤，动物的皮毛，皆如此。所谓物竞天择、适者生存，便为此理。植物也是这样。因为果实是生存和延续的根本，是物种进化的第一要素，所以，在外围的构造上会格外用力用心，激活基因、优化组合，构建最坚固的围城，以保证最大化的严密和持久。一个自然发育成熟的果实，都会达到这一点。

那么，这一众橘子中的倒霉蛋，又是怎么回事呢？

在排除其先天缺陷之后，唯一原因，应该就是在摘果、运输或包装过程中，曾经磕碰，造成皮外伤，进而腐烂变质。

堡垒防守，大都是从内部沦陷，而一个果子的腐败，却大都是从外部突破，就像新冠病毒对人类的攻击。

若非，它可以保鲜更长时间。

但是，即使再长时间的保鲜，其最终归宿也是人之口腹。

这就是果实的宿命。因为,它们只是庞大的生物链条上的一环。

其实,我们人类何尝不是如此呢?

野蛮时期,人类在自然界生物链中并非处于顶端,而是虎、狮、豹、狼等食肉动物的点心,只是后来进化,变成了万物之灵长。但人类一定要认识到,虽然不再被猛兽餐食,但你绝非生物链的顶端。须知万物循环闭合,一切都是这个循环闭合链的一环。而且,人体内随时生存着上万亿个细菌,每时每刻都在试图吞食你、消灭你,还有来自未知世界的类似新冠病毒之类的凶残敌人,更是防不胜防。再说,人生百年,终归长眠。长眠之地,便是自然。

生于自然,归于自然,永远不能凌驾自然。

感恩自然,敬畏自然,恒定只能呵护自然。

人类,只是大自然之树上的一枚橘子。

(2020 年 3 月 16 日午间作于武汉市洪山区水神客舍 1301 房间)

一掌阳光

盼望着,盼望着,直到上午 11 点 12 分,阳光才透过窗户的窄窄缝隙,光临我的头顶。

我所说的光临,是阳光的裸照。

长期以来,作为职业写作者,我久居室内,缺少日晒,总需补钙。而医生建议说,最好的补钙剂,就是阳光,就是日晒,但需直射,不要透过玻璃。

于是,在家里,我时时开窗。尤其冬天,一任阳光劈头盖脸地照射,总有一种羽化升仙的感觉。出差在外,更是习惯如此,与阳光拥抱。前几天,住进这家客舍之后,我惊奇地发现,窗户不能敞开,只能推开不足一尺的空间。用手比画一下,刚好是一只手掌的宽度。再推,早已焊定。

为什么这样呢?

哦,我忽然明白了。

现代社会,竞争激烈,压力巨大,理智崩溃,加上国家大力反腐,跳楼自杀者屡屡。如果此事发生在宾馆呢,责任重大。所以,不知从何时,各家宾馆就在安全上做起了文章,就像我居住的这家小小客舍一样,把窗户的开放度压缩到最小。

说最小,是指能够限制身体出入的宽度。今天早上,等待阳光的时候,我比画了一下,头颅和躯体,均不能挤出。给你阳光,给你爽风,就是不给你机会。

这样,隐患就堵住了,管理就省心了,居者就安全了。

真是一大发明!

可又一想,这项发明,却是对过去的否定。中国传统窗户的主角是窗棂,一条条、一格格,呈井字状,糊上窗纸,不通空气,不透阳光。现代建筑业兴起,才有了大窗。大窗好啊,可以敞开,可以直接地引进阳光、交换空气、增加光明。但现在呢,是进步还是倒退?

说不清楚。

哦,这一切,是社会进步中的踟蹰与叹息。

只是,我要补钙,我要拥抱太阳。

于是，我就坐在这一掌阳光的窗下，随着阳光的游移，不停地转换位置，逐阳光而坐。

这春天的阳光，明亮如雪，温柔如纱，笼罩在身上，鲜鲜的、颤颤的，缥缥缈缈、窸窸窣窣，有一种无言的妙香。闭上眼睛，仿佛是暮春里漫天柳絮的纷纷栖落，又像是童年里母亲双手的轻轻抚摸。于是，这宇宙间最神通、最神秘的圣光，照耀着、注目着、抚摸着我的皮肤、我的生命，默默地化合出亿万粒钙质，注入血液、注入骨骼，让我的身体继续强壮起来，让我的精神更加自信起来。

这一掌阳光的时段，只有短短三四个小时，从上午 11 点，到下午 3 点左右。真是一寸光阴一寸"钙"啊。

于是，我泡上一杯绿茶，看着滚滚而来的春天，看着满城蓬勃的人生，拿起笔来，蘸着这富钙的阳光，写出如上文字，呈于您的面前。

此刻，也许，您也坐在一掌阳光中吧。

且忍耐，且等待。

好日子，正到来。

（2020 年 3 月 6 日午间作于武汉市洪山区水神客舍 1301 房间）

武汉三题

创作背景

2020年大疫期间，我受中国作协委派，到武汉采访，竟达35日。来去匆匆又漫长，平安又危险。其间故事多多，颇出意外，实为人生之奇遇。遂作散文三则，略记此行。

赴汉

做梦也没有想到，我竟然在武汉市内疫情肆虐期间，逆行而入，并在中心区域生活了35天。

春节之后，疫情初始，我躲在北方的小楼里，南望寒风凛冽，想象漫天“冠寇”，茫然而心悸。

我爱运动，几乎每天打篮球，出汗一两斤，但现在，球馆关闭。于是，每天傍晚，便到附近一家植物园内跑步。后来，小区禁止外出，只得在楼前楼后快步走。夜深无人，便猛跑数百米，气喘吁吁，满头汗出，一吐胸中浊气和块垒。

树上的柳芽已是密密麻麻，春天正在到来。本来应是风和景明、琴声叮咚，不想现在，却是硝烟弥漫、炮声隆隆。

作为一名纪实作家，如何记录和见证这千年不遇的历史？

真是千年不遇啊。

春节燃放爆竹，是中华民族几千年来最大的春节习俗。爆竹之起源，即古人点燃竹节，发出“噼噼啪啪”的爆响，以驱除鬼怪和瘟疫。后来火药发明，又衍生出诸多品类，遂成烟花爆竹家族。随着时代发展、文明进步，这些年来，政府一直在着力禁燃，先在城市，后在县城。今年，出于环保，力度更大，誓言要在农村彻底禁绝，让春节结束爆竹。这是一种文明，也是一种告别。但社会的进步啊，总是伴随着一些纠缠、一些恩怨。于是，不知蛰伏在世界哪个角落的这些怪诞的疫虫，竟然从天而降，拍门而来。

但愿中华经此劫难，从此免疫！

这期间，为了体验“疫氛”，我曾冒险前往广平县城，采访因抗疫而去世的英雄岳金栋事迹。那是2月中旬，我戴着口罩，忐忐忑忑地和采访对象相距两三米，不能握手，不辨真颜，只有瓮声瓮气在中间传递。那，真是一种别致的采访，一种从未有过的体验。

这期间，我也曾向中国作协和省作协有关领导打去电话，询问是否可去前线采访，但他们均回复说疫情复杂，要等一等。

2月24日上午，我正在观看电视里的篮球比赛，突然接到一个电话，是中国作协创研部副主任李朝全。他客气地寒暄之后，又问我是否打算去武汉采访。

特别工作证

我心内一惊，犹如闪电穿过。说实话，我是一个胆小之人，平时看似男人刚强，实则虚弱不堪，见到烈犬也会身心颤抖。现在，我本能地愣怔了一下，犹豫一秒钟，但马上，又调整了过来，未等对方反应过来，便坚定地答应了："去！"

一个以纪实文学为生命的作家，面对这个千年不遇的机会，焉能错过?！这是天然的使命，这是命运的安排。只有那里，才是我的最佳位置！

现在想来，我真为自己庆幸。关键时刻，作为一个凡人，灵魂中的使命和责任超越了躯体中的所有恐惧，促使我做出了这个几乎是人生中最重要的决定！

事后，朝全兄告诉我，如果当时感觉到我在犹豫，他就放弃了。因为，毕竟有危险，不能有任何的勉强。事实上，他当时也打过几十个电话，询问过不少作家朋友，但大部分人犹豫了，选择了回避。中国作协本来打算组织一个 5 人小分队，却无奈凑不齐。

既然决定，便问行程。

朝全告诉我，情况紧急，一两天内就会出发。

当天，我就做好了前往武汉的准备。其实，也没有什么准备，除了一些简单的防护用品，最主要的武器，便是电脑。

当时，离汉通道已经关闭，更无人主动回归武汉，所以高铁在武汉也无票务。

由于我们此行将参加中央指导组宣传组的统一行动，所以组织出面，协调铁路部门，以工作人员身份进行安排。

26 日傍晚，我从邯郸匆匆登上了南行列车。

在火车上，我终于见到了从北京出发的朝全兄。过去我们已是好友，见面后总要握手或拥抱，但现在，只能招手，用目光中格外的亲热，深深地拥抱对方。因为，疫火之中，危难之中，并肩携手同行，更是兄弟，更是战友！

晚上 9 点 30 分左右，火车停靠武汉。

走下火车的，除了朝全和我两人，还有三位女士，应该是外地支援的医务人员。

有关部门派一部车，接我们两人去宾馆。整个大街上，空空荡荡，唯有树叶青翠，灯光璀璨，仿佛都在沉默，都在沉思，都在祝愿。

浓稠的夜色中，汽车左拐右拐，走进洪山区东湖边的一家名为“水神客舍”的旅店。

客舍门口，是一张桌子，上面摆满各类消毒液。门槛外的行人必经处，是一个用铁盘和毡布做成的消毒池。门槛内的大堂里，冷冷清清，只有前

作者和小分队合影

台一个光头戴口罩的小伙子在值班。

光头小伙子交给我一把钥匙，并告知没有服务员，一切需要自己料理，最关键的是要按程序做好自身防护，万万不可疏忽！

我，就这样走进了1301房间，走进了战战兢兢的武汉。

在汉

刚刚到武汉，便连连遭到当头棒喝，吓得魂飞魄散。

第一次入住房间，已是深夜。我又渴又饿，看到茶几上放着几瓶矿泉水，便打开瓶盖，迫不及待地喝下。

不料想,喝到嘴里,哇,又苦又涩,赶紧吐掉。

竟然是酒精!

灯光下的瓶装酒精,与矿泉水几乎一模一样,如果不细看商标,根本无法分辨。

一时间,我浑身颤抖,满心悲哀。

文明,便是在最细微处做文章、谋改进。我们的酒精生产厂家,或许还是粗糙经营,或许还没有此类教训,为什么在包装上与矿泉水如此相似呢。

我在北方,已感觉春暖,平时只穿单衣,即衬衫加一件西服。所以出发时,虽然家人准备了厚衣,但我还是坚决地拿掉了,而且坚持携带几件短袖衣服。因为,这是往南走,是到南方。不想到武汉后,气温只在6摄氏度左右徘徊,天气阴冷,透彻骨髓。我咬牙,坚持。别人都穿着羽绒服,只有我穿着单衣。大家看着我,颇感奇葩。

小分队负责人李朝全脸色大白,频频劝我,加衣加衣。可我哪里还有衣服呢,这已是最后的铠甲了。

他告诫我,保暖是第一位,千万不能感冒。若感冒,就要隔离,就要引起恐慌。

我一想,顿觉惊骇。是的,今年闰四月、倒春寒,而且,南北气候不一,水土有别,节奏稍有错乱,极易发生感冒症状。

我越想越觉得恐怖,便决定购买衣物。可此时,武汉的商店全部关闭。别无选择,又生奇想,请家人开车前来送衣,虽然路程接近1000公里。

朝全兄听说后,极不赞成,就把这个情况反映给湖北省作协。

湖北省作协党组书记文坤斗马上联系购买,仍是无计可施。最后,他回家翻找衣柜,正好找到一套全新的保暖内衣。关键还是红色,保暖又辟邪。

我穿在身上,正好合适。浑身上下,顿时暖融融。

“岂曰无衣,与子同袍!”

生活上不习惯,气候上不习惯,写作工具上更不习惯。

客舍条件极简陋,不仅没有服务员,一切生活需要自己打理,最关键的是房间没有桌椅,只有一张迷你型茶几,又小又矮。笔记本电脑放上去,几乎覆盖。

怎么办?只有蹲着写。

后来,我把朋友慰问时送来的牛奶箱、面包箱摞在一起,当作一个座墩。

所有的不习惯,造成我在进驻武汉初期根本无法工作,不能进入状态。

我总感觉陌生,感觉整个身心与周围的墙壁、地板、灯光、空气不相融,有一种莫名的距离感,心理上似乎也有一种本能的抗议。那些天,我只能傻傻地坐在那里,打不出字来。即使打出一些字,也如蒺藜,如石块,如被收废品的小贩踩扁的塑料瓶。我苦恼自己的适应能力太差,与真正的战地记者差之太远。

但随着采访深入,一切都在迅速地改变。

武汉后,我第一个希望采访的是李兰娟。但直到离开武汉,也没有如愿。这大部分是因为她太忙,小部分是因为我无暇。

记得那是 2 月 28 日,我在与中央指导组宣传组负责人见面时,明确提出想要采访李兰娟。负责人马上答应安排。可几天后，一直没有回音。后来，我与国家卫健委宣传司负责人见面，再一次提出。但这一次，负责人似乎略有犹豫，说李兰娟属于中国工程院，需要沟通。我便想，当时网络上有人攻击李兰娟，说她为儿子公司站台售药之类，是否受此影响。但我马上又否定了自己，以李兰娟的身份和觉悟，断不会做出如此低智商之事。只是，采访事宜仍没有下文。

后来，因他事，我单独约见国家卫健委宣传司宋司长。其间，我再次提出此意。宋司长马上答应，并立即打电话，可竟然没有接通。宋司长表示将再次联系，并吩咐工作人员落实此事。

这之后，我的工作也进入繁忙期，特别是离别武汉前的那些天，更是如此，连续三四天错过午餐。这期间的一天中午，我突然接到通知：下午 2 点 30 分，与一家报社联合采访李兰娟。

当时，我正在赶写一篇稿子，实在无法脱身，便推脱了。我知道，那时节的李兰娟，是天下最忙碌的女人！

我曾先后两次采访张定宇，分别是 3 月 1 日下午 3 点至 8 点，和 3 月 17 日下午 4 点至 8 点。印象最深的当然是第一次。

张定宇给我的印象是个头不高，眼睛眯缝，似乎没有睡醒，特别是走路跛脚，十分明显。

我们的谈话地点是他办公室隔壁房间。其间，他一直在接电话，直到傍晚，办公室人员端来两个盒饭，说吃饭后再谈吧。果然，饭后，他的电话少了，谈话正常。他开始完整地讲述一些故事。

张定宇是典型的武汉人，性格直爽，不服周。他更是自称粗野，说话声音大，爱批评人。

他告诉我，从来没有设想过当多大官位，只是想干些事，比如自己至今不会签字，字写得像“鸡扒”。还有饮酒，他说自己饮酒之后毛病多，爱直言别人的缺点，所以总是惹人。后来，他干脆不参加这些场合，所以平时两个周也不会参加一次酒席。

谈到自己的“渐冻症”，他也很坦然。

采访张继先，是 3 月 2 日下午 2 点。

我们见面的地点似乎是一个公开的会客厅，又或者是一个餐厅，反正到处是密密麻麻的桌椅，空空荡荡不见人。

张继先身高只有 1.55 米，瘦削，半脸疲惫的笑容。但她显然是一个干脆利索的女人，简单精准地介绍着自己的工作和上报疫情的过程。除此之外，我还尽量问一些工作之外的事情，其中有不少“鲜虾活鱼”“萝卜青菜”之类。

在武汉期间，我还通过视频，采访了一系列医护人员。

渐渐地，我适应了武汉节奏。

一天凌晨 4 点，睡不着，我便坐在座墩上，开始写作。写着写着，猛然抬头，已是满窗灿烂阳光。再后来，我经常全天只吃一顿饭或两顿饭。因为，每每错过吃饭时间。

这时，猛然想起一个成语：废寝忘食。

真正的创作状态，或创业状态，必然如此。

古人在创造这个成语时，肯定是积了无数人的经验和体悟而成的。

废寝，是被动，是不自觉。胸中一团火，熊熊燃烧，浑身轰鸣，心跳如鼓，血脉偾张，如何能躺下，怎么能睡着？

忘食，更是如此。进入创作状态后，无味无欲，忘记时间。抬头一看，三五个小时过去了，早过了饭点。过去就过去吧，腹中的食欲被压缩成一枚核桃、一块卵石，不发芽，也不发声，更不抗议。

不仅废寝忘食，茶也索然无趣。

平时，我喜爱品茶，已经形成一定的茶瘾。每天上午，沏一杯绿茶，看着杯中的青山绿水、春光明媚，嗅着杯上的白雾袅袅、香氛缭绕，于是，味蕾爆炸，滋味百生，在舌尖上跳骚舞，在肠胃里唱山歌。可进入写作状态后，茶瘾便骤然萎缩，像一个自觉无趣的客人，看着主人忙碌，便挥手道别，不再打扰。茶的影响，在于搁笔之后。写累了，眼昏昏，腿软软，只想酣睡，可这时候，茶的作用发挥了，兴奋神经，不能入睡，头脑就像受到强烈电磁波干扰的电视屏幕或电台频道，吱吱喳喳，满天雪花。

于是，罢茶！

于是感叹，茶是君子，是美女，是闲适时的伙伴，是享乐时的伴侣，是生命的补充，而不是生命的冲锋。

生命，还是需要正道，正道就是主业。无论从工从文从艺从商从研，还是从政从管理，三百六十行，行行都是一个深邃世界，都有万千个诀窍，非全心投入不可觉悟。真正的身心投入，就是热情如火，似大火，如烈火。烈火持久地燃烧，烧化一切的陌生与坚硬，进而全面融通。

只要你的热情之火，温度足够高，时间足够久。那么，一切均有可能！

热情，可以融通一切；热情，可以成就一切！

而这种热情,这种投入,首先便是忘我。

既已忘我,何谈废寝,遑论忘食。

…………

就这样,在繁忙的浑然忘我中,我陷入了武汉繁花似锦却又水深火热的春天里。

不知不觉,悄然满月。

别汉

进入武汉之初,本来打算采访一周左右,不想疫情复杂,归期一拖再拖。

刚开始,吃住均不习惯。早餐和晚餐,几乎全是热干面和蛋酒。中午呢,只有米饭和辣炒青菜。这纯正的南方餐饮,让我这个纯正的北方人徒叹奈何。同样难以适应的是天气:武汉的早春,阴冷潮湿,寒彻骨髓。室内没有暖气,晚上端坐写作,两腿冰凉,犹如铁棍。

一周后,意识到归期无期,便开始面对现实、寻找依附。于是,心里似乎长出了毛茸茸的根须,扎入武汉的土壤中。

首先是餐饮上的投奔。蛋酒的微甜,居然类似于玉米粥,滋润肠胃,有一种无言的舒服。几天过后,竟然产生了些许依赖。更有那热干面,又恰似北方的面条,咀嚼吞咽,同样酣畅。醇厚的浓汁,加上少许开水,俨然靓汤,喝下去,浑身舒泰,三万六千根毫毛,纷纷翩翩起舞。

10 多天后，我已全面沦陷，沦陷到武汉的春天里了。

每天，除了采访，就是待在水神客舍的 1301 房间，写作。沏一杯绿茶，闻着满室馨香，听着一帘鸟鸣，看着满城花开。推开小窗，请一扇阳光迤逦而来，披在身上，宛若一件白雪雪、毛茸茸的裘皮大衣。

我坐在雪白的温暖里，逐阳光而游移。

傍晚，我常常在楼下的小院内走动。小院 1 亩左右，中间是 15 个车位。往日忙忙碌碌的汽车们，现在全部趴窝，灰头土脸地在这里呼呼大睡。我经常绕着这些睡客们，每每快走 20 圈，直走得上下通泰、热汗涔涔。

与我一起的快步者还有若干人，都戴着口罩，互不相识，更不言语。大家只是默默地走着，走着，似乎是一种漫长的无奈，更仿佛是一种坚定的自砺。

客舍的后院是东湖一角。偶尔，我也到湖边散步，满目空旷，满地落叶。湖水满面愁容，风儿却是清清爽爽，欢声笑语，暗香袭人。遥望远处的武汉大学，樱花盛开，纷纷繁繁。

其间，回家的心思时时浓重，就打电话，询问中央指导组宣传组负责人。答复是中央领导年前就来武汉了，到现在也没有回去。话外之意，不言自明。

日子，就这样在晴晴雨雨中匆匆而过。

3 月中旬，事态明显变好。好消息，每天都在微信屏幕上闪闪烁烁地跳动着。几乎所有省市的患者数字都在清零，全国各地纷纷复工复产。

武汉市内，也是捷报频传。方舱医院冷清了，重症病房空床了，医护人员轮休了，新增病人停止了。原来肥肥胖胖的数字越来越瘦弱，弱不禁风。

此时，部分省市医疗队开始撤离武汉。我们再次申请返程。

3 月 27 日，李朝全最早接到撤离通知。

那天上午，微雨。我们集体送他上车。的确，疫火之间，携手同行，特殊情缘，温暖终生。朝全感叹地说，我们是“过命的兄弟”。

30 日上午，我终于接到第二天返程的通知，但时间十分奇特，需要凌晨 3 点 30 分起床。原来，我被安排与河北省最后一批医疗队一起乘坐包机返回石家庄。由于国外疫情紧张，为了最大限度地阻止外来输入病例，石家庄机场承担了北京机场部分国际航班的分流任务。31 日上午 10 点左右，有国际航班落地，我们必须尽早全部撤离机场。

31 日凌晨，也许是我人生中一个最特殊的黎明。

那天 3 点 30 分，敲门声如约响起。纪红建和曾散两位战友加兄弟，已经站在门口，而那位省委的司机邱师傅也在楼下等候。

我特意穿上那件文书记送我的红色保暖内衣。真是奇巧,35 天前,我进入武汉的那一天,气温是 6 摄氏度,而今天,仍是如此。来去两清寒!

整个武汉市,仍在深深的酣睡中。大街上寂寞无人,一如我来时的模样。

汽车七拐八拐,停靠在一家酒店门口。沉沉夜幕中,那里早已汇聚了上百人。河北省支援武汉的第七支医疗队,正在这里开会告别。现场红旗招展,气氛热烈。洪山区政府的一位副区长,深情致辞。

仪式完毕,全体上车。

此时,已是凌晨 4 点 30 分。一排大型客车,警车开道,警摩护送,浩浩荡荡,驶往机场。尽管没有市民送行,但那千万盏路灯便是武汉的眼睛,那万千幢楼房就是武汉的身影。

汽车驶过一座大桥。工作人员告诉大家,这是鹦鹉洲大桥。我的眼前,猛然闪现一众诗人的身影:祢衡、李白、崔颢等。当年,他们先后光临,在这里沉思天地、赋诗放歌,而今安在哉? 想到这里,遥望桥下的鹦鹉洲,灯影暗淡,如若梦境。

5 点 30 分,到机场。

没想到,又一场规模更大的欢送会,开始了。原来,河北省援鄂第八支医疗队从别的地域赶来,与我们汇合,同机返回。这是河北省支援湖北医疗队的最后一批队员,共 194 名。现场送行者,是湖北省卫健委负责人,其所代表的,自然也是湖北省委、省政府。

热热烈烈的送行仪式之后,便是冰冰凉凉的登机安检。

纪念登机牌

返程机票

我们包乘的是春秋航空公司 9C8866 次航班。由于是特殊时期，没有常规机票，只有湖北机场集团有限公司特制的一套“援鄂抗疫乘机纪念封”，其中包括武汉天河国际机场的“援鄂抗疫登机牌”、春秋航空公司的“纪念登机牌”和纪念机票三张。为了提升这套纪念机票的意义，本机机长和所有空姐都在机票上签名留念。

真是一套难得的纪念品啊。这时，有人打趣地说，这套纪念票已开始在网上炒作，价值数千元。

机长、空姐签名机票

登机后,我与河北支援湖北医疗总队总领队、省卫健委二级巡视员范素文邻座。他告诉我,河北省共派出9批医疗队,计1100多名医疗队员,主要负责3个定点医院和5个方舱医院的医疗救治工作。

8点35分,飞机起飞。

哦,武汉,我的身体虽然正在缓缓离开,但一种别样深重和神圣的情感,却早已植入心底。

我明白,这是一种生命之缘!我坚信,这是一个明天之约!

这真是:

人生多平庸,偶尔逞英雄。

疫火凶且险,斗胆武汉行!

河北人与湖北人

创作背景

我刚进驻武汉的第二天，便接到同事、老师兼好友的著名诗人刘向东的电话。

他现在负责《诗选刊》工作，眼下正在紧张编选今年第三期的抗疫专号。马上就要下厂印刷了，他猛然意识到现有作品都来自武汉之外，希望有一篇来自最前沿的作品。于是，他就想到了我。

可是我，从未写过诗啊。他说："你就试着写吧，反正不会跑调，也不会跑题。"于是，我就赶鸭子上架，写下这么几句。

之所以收录在这里，不是凑数，而是告诉自己，在那个特殊时期，在那个特殊地方，我曾经使用过不同的文学武器，进行抗疫。

河北与湖北
在南方人的口中常常混同
因为"河"与"湖"

好像“黄”与“王”一样
在他们的发音中总是不易厘清
于是,每每有人向我询问武汉的新闻
武汉的风情
我笑一笑
有时解释
有时懵懂

这些天
我实实在在地变成了湖北人
吃在武汉
住在东湖
才饮长江水
又食武昌鱼
极目楚天舒
只是
面戴白口罩
身裹防护服
小心翼翼地呼吸
战战兢兢地走路
而我的邻居
便是武汉市洪山区珞南街道的千家万户

许许多多的朋友

微信询问

打探武汉城内的最新消息

还有许许多多的谣言和传闻

我笑一笑

以一个河北人兼湖北人的身份

坚定地且自信地

一一回复他们

（2020 年 2 月 28 日作于武汉市洪山区水神客舍 1301 房间，发表于《诗选刊》2020 年第 3 期）

启示

肺言

创作背景

在大家轰轰烈烈地记录抗疫感人故事的同时，在疫情发展的抛物线走低之际，我在想，通过这次大疫，可以思考些什么呢？于是，我根据自己的阅读和感受，进行了一些初步的思考。

“肺言”，肺腑之言也。对与不对，出自真诚；深与不深，难以尽言。

总之，这次大疫，对全人类来说，是一次逼问、一次考验、一次警醒，也是一次改变的机会。

2020年春节，对于中国历史来说，是一个千年不遇的沉重记忆！

有些事情，似乎是巧合，但是细思极恐。

比如说，该年春节的爆竹和瘟疫。

燃放烟花爆竹，是中华民族几千年来最大的春节习俗。爆竹之起源，即古人点燃竹节，发出“噼噼啪啪”的爆响，以驱除鬼怪和瘟疫。后来火药发明，又衍生出诸多品类，遂成烟花爆竹家族。

但是,随着时代发展、文明进步,加上环保形势严峻,这些年来,政府一直在着力禁燃,先在大城市,后在小县城。2019年,更是誓言要在农村彻底禁绝,让春节告别爆竹。在此期间,各地基层政府不仅彻底关闭了绝大多数烟花爆竹制造厂家,同时还监控和从严处罚购买者。

只是,要革除这个千年习俗,何其难也?就像殡葬改革,分明是文明之举,却遭受重重阻挠。

但是这一次,政府的力度格外之大。春节期间,县、乡两级政府的绝大多数干部职工、公安干警,以及全体村干部,放弃休息,包村包户,严防死守。

果然,在严控之下,整个除夕,全国静悄悄。

千年的鞭炮,终于正式退出了历史舞台。

但是,让人万万没有想到的是,鞭炮刚刚退场,瘟疫就来了!

…………

疫火袭武汉!

无论是现代人类冒犯自然、强暴环境、开门揖盗,还是无良个人暴殄天物、偷食禁果、惹是生非,抑或是大自然忍无可忍、蓄意惩罚、小试屠刀,总之,不知从地球何处飘落到武汉的一星神秘且恶毒的疫火,悄悄引燃了,由袅袅而忽忽,由忽忽而熊熊。

疫魔的名字:新型冠状病毒感染的肺炎!

大年二十九,武汉市突然宣布"封城"!

一个"九省通衢"的千万人口的中心城市,竟然如此举动,环视人类史,前所未有。况且,又是在春节到来前夕的人口流动最高峰的特殊时期。

一时间,全国震动,世界注目。

于是,接下来的日子里,整个中国,便展开了一场史无前例的轰轰烈烈的抗疫战争!

战争的结果,毋庸置疑。

但是,战争的后果和震荡,却意义非常,影响深远……

上篇:是谁打开了潘多拉之盒

大自然,是人类共同的上帝!

上帝的微笑,便是人类共享的和平与文明。

而,上帝的忧愁呢?

西方谚语说:上帝一皱眉,人间就发瘟。

希腊神话说潘多拉有一个盒子,里面装有各种各样的魔怪邪疫,一旦打开,便飞将出来,祸害人间……

瘟疫,上帝的咒语!

学界普遍认为,人类历史大致可分为两部分:文明史与灾难史。

文明史的巨匣中,当然装满了人类智慧的结晶。但灾难史的地窖里,却是填满了血腥且疼痛的记忆,比如战争、瘟疫、水灾、饥荒等。

有论者云,综观东西方几千年历史,对人类文明戕害最剧烈的祸端,当属战争和瘟疫。而在这两者之间,又以瘟疫为先。

在各种灾难中,瘟疫发生尤为频繁。而一场瘟疫,甚至可以将一个文明抹灭，把一个国家涂炭，使一个民族变种。

公元前430年，雅典正处于光辉的顶峰。但就在这一年，一场可怕的流行疫病席卷而来。人们先是不断地打喷嚏、咳嗽、呕吐、腹泻，然后就感到可怕的干渴；紧接着，传染者身体疼痛、发炎并转化为溃疡。50%以上的居民和1/4以上的城邦士兵死去，即使执政者伯里克利也未能幸免。雅典的社会结构崩溃了，与斯巴达的战争也以失败而告终。雅典文明的黄金时代，就此结束。

欧洲最大的瘟疫——黑死病发生在14世纪。在短短几年里，这场瘟疫造成大约2500万人死亡，整个欧洲的社会体系因此几乎瘫痪，直到16世纪才恢复元气。

中国历史上最可怕的瘟疫发生在明末。

我们都知道，明朝的灭亡是因为李自成和清军的双重打击，却不知道还有一个致命的原因，那就是鼠疫。

崇祯六年(1633年)，华北鼠疫再次流行，疑又是从山西开始。兴县有资料记载："天行瘟疫，朝发夕死。"崇祯十年(1637年)以后，瘟疫逐步向南扩散。在疫区，死亡者约占总人口的40%。

崇祯十六年(1643年)八月至十二月间，北京城内的死亡人口，保守估计已达1/5。因死人太多，兵员大减。如此羸弱的城防，怎么能挡得住李自成的精锐之师呢？所以，当李自成攻进北京时，面对的是一座"人鬼错杂，日暮人不敢行"的死城。

清朝以来，各种瘟疫仍是接连不断，病死者数不胜数。

…………

由于现代生物制药技术的发展，各种疫苗纷纷出现，天花、麻疹、鼠疫等传统的瘟疫已经或正在退出历史舞台。但让人类始料不及的是，一些新生的、变异的、非典型性的恶性病毒仍是层出不穷。

最典型的是艾滋病。

艾滋病原存于非洲黑猩猩体内，后感染了与之密切接触的非洲部落人群。10 多年来数百万南非人民因感染艾滋病死亡，留下了大量孤苦无依的儿童。可以说，艾滋病已经在很大程度上动摇了这个国家的根基，影响了这个民族的命运。

不要以为艾滋病离我们很远，或许，它就在你的周围。据权威部门测定，中国目前存活的艾滋病感染者和病人已超过 100 万人。

对中国人来说，印象最深刻的就是 2003 年的非典型肺炎(SARS)。

传统的肺炎，在临床中容易对付，而一旦变异成非典型性肺炎，即使世界上所有的科学家捆绑在一起，也琢磨不透这厮的肚囊里到底是什么杂碎了。

瘟疫，人类永远也摆脱不掉的阴魂！

在人类开发自然、征服自然、与自然打斗的过程中，有着太多太多的未知领域，尤其在看不见、摸不着的微生物世界里，恶瘴与淑气同在，毒腺与甜饴共生……在亿万年的自然筛查中，人与自然两者之间相互适应着、揣摩着，达成了无言的默契。人类小心翼翼地与动物们、植物们共同维持着一条脆弱的防线。就像两个相邻的国度，一旦有孟浪者挑衅，就会引发危机，挑起战争。

但是,贪心的人类却无视文明公约,屡屡贸然侵入大自然的樊篱。

近几个世纪,其野蛮行径尤剧尤烈,已引起大自然的公愤。海水、森林、动物、草原等大自然的公民们已经联合起来,开始了对人类的报复。于是,就有了伦敦的酸雨,就有了日本海边莫名的怪病……

2003 年的 SARS 出笼,亦是如此。

而这一次新型冠状病毒,肯定又是人类粗暴践踏自然的一次不幸触雷。

中篇:野火春风斗瘟疫

应该说,面对如此重大灾难,所有人都是仓促迎战。

2020 年的春节,虽然没有烟花爆竹,却仍然是一个色彩斑斓的节日,既轰轰烈烈,又喜气洋洋。

今年是全国"精准扶贫"的决胜之年。中华民族从此将永远告别绝对贫困,进入理想的小康社会。我们,距离美丽的中国梦,距离中华民族伟大复兴的美好愿景,越来越近了。

但是,国人做梦也没有想到:一堆恶毒的疫火,已经燃烧了。一群黑色的病毒,已经出笼了。

全体国民,被迫陷入一场旷日持久的苦战之中……

关于这场抗疫的惊险过程和悲壮故事,各家媒体和各类作品早已记录太多。这些,本文不再赘述。

我只就自己的见闻和感受,记录如下。

武汉疫情日甚一日,感染人数、死亡人数与日俱增。所有的医院人满为患,政府紧急筹建火神山、雷神山医院和若干方舱医院……

无论疫魔来自何处,无论责任归于谁人,眼下已经不是最重要的。

现在,摆在国人面前的火烧眉毛的第一任务就是:

全力阻击,与疫赛跑!

最初的赛跑,是抢购物资。

人们纷纷跑向药店、跑向口罩、跑向消毒液、跑向安全的庇护地。那是一种本能的慌乱,那是一种本能的赛跑,就像水之流,就像物之坠。

但是,激流之中,总有中流砥柱。

于是,中央一系列决策精准出台,谋划全局、选派援军、前线换帅、调整战术、稳住阵脚。与此同时,短短几天时间,全国各地的城市、乡村瞬时构一个城乡联动、旷日持久、鼓声震天、连营千里的大战场!

但是,主战场在武汉啊。

于是,整个中国,便开始了一场支援武汉抗疫的大赛跑!

最快赶到战场的白衣战士,是上海和北京的医疗队。他们在除夕之夜就进驻战场最前沿——武汉市金银潭医院,分流了最核心、最艰巨的重症治疗任务。自 1 月 24 日至 3 月 8 日,国家、军队和各兄弟省份共派出 346 支医疗队、42600 名医务人员,匆匆向武汉奔跑。

疫情就是命令。三军医疗队闻令驰援,开始了和平时期最大规模的非军事行动。军车与风赛跑,战鹰与云竞逐。

据中央军委后勤保障部卫生局局长陈景元介绍,军队应对突发公共卫生事件联防联控工作机制向武汉紧急调拨 40 万个医用口罩,配发

8000 套防护服、50 套正压防护头罩、2 套负压运输隔离舱，保障医疗救治急需。空军出动 30 架次运输机，向武汉紧急空运军队医疗力量和物资。截至 3 月 1 日，中部战区累计出动 5667 人次、车辆 2500 多台次，运送群众生活必需品 8500 多吨，防护物资器材 23600 多件(套)。

武汉封城消息传来时，本市江夏区金口中心卫生院血液检验科医生甘如意已经回到 300 多公里之外的老家。她马上意识到：必须返回岗位！但是，沿途所有公共交通全部停运。没有车，怎么办？

这个 24 岁的女孩子，这个医务战线的新兵，做出了一个平生最大胆的决定——骑共享单车返程！

这个身高不足 1.6 米的文弱小姑娘啊，用手机导航，顶风冒雨，与时间赛跑，与疫魔赛跑。骑行四天三夜，终于抵达武汉，归入战斗序列！

与甘如意相似，先后进入武汉的，是各地近 2 万名志愿者。

火神山医院、雷神山医院，以及十几家大大小小的方舱医院，如何建设啊？于是，全国各地精选的 2 万多名建筑工人，快速赶往武汉。

还有海量的各类医疗物资和生活物资，也纷纷加入赛跑的队伍。

爱的赛跑，爱的传递，从你的心，到我的心，到他的心，再到她的心，流淌成一条温暖的河流，氤氲成一个柔软的春天。

静下心去，侧耳听去，你完全可以听到响震在天地间的铿锵有力的声响。那是爱的脚步、爱的喘息、爱的絮语，那是大地的脉搏，那是江河的呐喊……

胡萝卜、冬瓜、莴笋、辣椒、番茄、马铃薯、水果、蛋类、肉类、米粉、大米等生活物资，纷纷赛跑，丰富了武汉的肠胃。

口罩、护目镜、消毒液、防护衣等医疗物资，纷纷赛跑，坚实了武汉的铠甲。

解放军、志愿者、建筑工人、爱心人士等，纷纷赛跑，保证了武汉的援军。

而中央的各类精准决策，纷纷赛跑，更支撑了武汉的信心。

所有的赛跑，所有的集结，汇聚在武汉，众志成城，筑起了一座坚不可摧的新武汉！

虽然硝烟弥漫，我自岿然不动！

下篇：小康与健康

疫情正在悄悄退去，各地都在全面复工。

疫情如狼似虎又似火，仿佛在眨眼之间就张牙舞爪地窜到了眼前，烧上了房顶，惊出了国人14亿身淋漓的冷汗。若非政府的非常手段，肯定会蔓延成难以想象的灾难。

这14亿身冷汗，也冷静了14亿颗曾经浮躁的头脑。人们又开始深深回味那些科学的规劝和文明的告诫。

的确，疫情过后，有很多的制度要抓紧建立，或完善。

毋庸讳言，当务之急就是进一步完善科学可行的突发重大事件应急反应机制。其中最核心点，便是防疫。

虽是亡羊补牢，但刻不容缓！

当然，还有很多很多……

小康不是 GDP

小康是什么?

这个概念,是由邓小平首先提出并阐述,2002 年 11 月又作为国家发展战略目标写进了《全面建设小康社会,开创中国特色社会主义事业新局面——在中国共产党第十六次全国代表大会上的报告》中。

我们相信,邓小平和十六大报告中的小康概念肯定是指经济社会的全面发展,绝不仅仅是单指经济繁荣。但在实际工作中,不少地方政府狭窄地理解这一宏伟构想。基于这一错误认识,不少急于崭露头角的地方官员片面追求经济数字的高增长,置其他一切于不顾,包括生态环境、社会公平、群众利益、公共卫生……

可以想象,这样的畸形发展将会导致怎样严重的恶果。

物质文明和精神文明,从来就是人类社会和谐前行的两翼。两翼失衡,肯定会偏离目标,导致空难。

所以,作为真正负责任的地方党委、政府,为了这片土地,为了这片土地上的父老乡亲,为了这片土地上的父老乡亲的子子孙孙,真的应该重新审视一下自己的施政纲领了……

小康,不仅仅是 GDP,不仅仅是经济指标数字的增长,更是生活质量全面提高的小康,是社会事业全面发展的小康,是人文精神全面张扬的小康!

完善农村疾控体系

不少偏僻农村农民的防疫知识,几近于零。

“非典”时期，某山村一老翁，从村委会领取一瓶过氧乙酸消毒液。回家后，因不识字，他以为是口服液，便拿出两个碗，将消毒液分成两份，与老伴分喝了。

结果，双双中毒而亡。

…………

什么是农民最需要的？

毋庸置疑，生命健康是人类生存的第一需求。

而恰恰这一点，是我们最大的忽视。

多少年来，我国的卫生事业投入“重医疗，轻预防”“重城市，轻农村”，有限的卫生事业投资集中在城市的医院建设，致使农村卫生防疫体系全面疲软。

这些年来，特别是新时代以来，随着“精准扶贫”工程的全面实施，中国基层的医疗卫生状况有了巨大发展，但毋庸讳言，城乡差距仍然很大。

我们在城市里建起了现代化医院，修起了摩天大楼，盖起了成群的商场，铺设了豪华的广场，搞了那么多政绩工程。而我们的农民父母呢？

据调查，我国各地县一级的卫生防疫体系大部分处于维持状态，有的县防疫站仅几个人，连必要的设施也缺少，怎么能保障几十万人民的健康？乡镇卫生院、农村卫生所更是有名无实，形成了典型的草根层医疗体系，不敌风雨。

而正是这些单位，却在突然之间变成了主角。在大灾大疫来临之时，它们挥舞起最简陋的武器，抵挡着最先进、最凶猛的敌人，其情之烈，其力之竭，其泪之苦，有谁知晓？

如果说，在落后时期国家财政力有不逮，那么现在中国经济已经全面发展，国力大增，我们完全应该进一步筹建和完善县、乡、村疾控中心体系。

是到还账的时候了。

好在，这场灾难更让我们的决策层认识到了这一点。

小康，首先是健康！

培养公德

公德之缺，是国人心上一个久治不愈的毒瘤。

一次，某省领导带队到加拿大招商，住在渥太华的一家宾馆。仅仅两天过后，电梯里和楼道里同时贴出几个写得歪歪扭扭的中文大字："禁止吐痰""禁止弃烟"，臊得这些中国人无地自容。

…………

实际上，诸如随地吐痰一类的国病，远不是卫生范畴的问题。无论从哪个角度讲，痰和随地吐痰都很"脏"，都含有"病毒"。

为了保证国人物质世界和精神世界的双重卫生，我们今天仍是要重复那句我们已经重复了一万遍但还要再重复一遍的老话：不要随地吐痰！

但愿这第一万零一次的劝诫能起些作用！

国人私德尚可，公德太缺。

梁启超先生曾说："吾中国道德之发达，不可谓不早，虽然，偏于私德，而公德殆阙如。"

在家里讲卫生，便溺入池、垃圾入袋；对家人、朋友讲文明，温文尔雅、彬彬有礼。而一旦出门在外，面对一个陌生环境，便回归了"原始的野性"，随地吐痰、便溺、乱扔杂物、大声说话……

衣食住行用都是文明物品，可骨子里、言行上却又粗鄙不堪，这是典型的伪现代人。

这样的伪现代人，太多了！

“呸”的一声，一口浓痰吐出去，数万个病菌在空中游荡。痰痕如胶，谁去清理？不去想它。平时，垃圾随手乱扔，谁去收拾？不去管它。须知现在的环境已不是从前，农村的田园已是农药天地，城市的天空已是尾气世界，我们生活中最多的塑料垃圾大都不能降解，如果焚烧处理，又会产生大量的剧毒二噁英；如果坐等其自然消亡，最少要200年。就这样，以塑料袋为龙头的现代垃圾围绕在我们周围，日复一日，年复一年……

如果我们的眼镜换上显微镜片，你一定会大吃一惊，空中游动的是密密麻麻、毛茸茸、肉滚滚的病菌们，正在张牙舞爪地进入人的鼻子、眼睛和五脏六腑。

抬头看天，乌灰灰一片，难得一见蔚蓝。

低头看地，垃圾、脏水、痰迹、狗屎……

这就是我们的生存环境。

微生物界病菌的变异，在时时刻刻进行着。正常环境中有规则裂变，恶劣环境中无规则突变，三变两变就脱胎换骨，显示出其非典型性，稀奇古怪，走出了科学家的视野，成为人类暂时无法攻克的敌人和杀手——比如艾滋病，比如SARS，比如我们苦战的新型冠状病毒……

善待环境，善待别人，就是善待自己！

我为人人，人人为我，这是社会公德最普通、最真纯、最崇高的准则，也是文明社会的基石!

不养公德,祸犹不远!

严格规范

走在各地城镇的街道上,随处可见治疗肝炎、结核、性病的小广告。

这些没有行医执照的非法医疗机构和游医, 本身就是游荡在街巷里的瘟疫。

《中华人民共和国传染病防治法》明确规定,各种法定传染病必须规范管理,由各地传染病医院负责。

但长期以来全社会传染病意识的模糊和有关部门执法不力, 加上经济利益的驱动,致使社会上传染病治疗管理长期处于混乱状态。

以北方地区的主要传染病结核和肝炎为例。按国家法律规定,都应由市传染病医院归口治疗。但由于种种原因,不少小医院、小门诊,甚至综合医院也获准涉足。

众所周知,传染病治疗需要相对封闭的环境和独立的系统,污水、医疗垃圾、病人粪便等必须与外界分开处理,一旦相通,将造成社会传染。这套专业系统需要巨大的投资,别的综合医院尚不具备,更别说小门诊、小医院了。

据专家介绍,结核和肝炎都是烈性传染病,在非专业环境里治疗,医患双方无法严格隔离,一切医疗垃圾和排泄物全部进入社会,将造成无穷遗患。

这,是造成传统传染病在民间绵延不断的主要原因。

我生活在北方的一座城市,有一个数字可以佐证。这座近千万人口的城市，肝炎、结核病人长期持续在30万人左右，每年直接死于肝病的有2000人左右。

我们生活的周围，疫病从来就是一股暗流，汩汩不断。

地方政府曾依法多次下文，禁止个体医院和别的非传染病医院介入传染病治疗领域，但有人说没人管，有人管不真管，致使治疗传染病的个体小医院、小门诊的广告铺天盖地。

地方政府相关部门该认真管管了，为了维护法律的严肃，为了减缓传染病人群居高不下的窘状，为了规范传染病治疗体系，为了人民的身体健康……

与野生动物讲和

在网络看到一些信息，一些人出于对此次新型冠状病毒疑似源头——蝙蝠的愤恨，便进行灭杀，并深埋。

把人类的仇恨集中在这些小生灵身上，太不成熟，太不理性，太走极端。

据传，艾滋病是从猩猩身上引来的，难道把全世界的猩猩也全部灭掉？

人类是大自然之子。我们沐天风、饮甘泉，汲取自然精华，承受自然恩泽，才造就了智慧和健康。

对大自然，人类应该感恩，应该敬畏。

但狂妄的人类常常忘记这一点，不能摆正与大自然的关系，把自然看成敌人去征服，导致水土流失、沙尘弥漫、环境恶化。殊不知，森林、河流、大气、沙漠等都是支撑自然界的鼎足。

鼎足失衡，人类肯定遭受劫难。

以目前危害人类最多的传染病为例，鼠疫、狂犬病、疯牛病、禽流感等，都是从动物身上传染而来。人们在猎捕、加工和食用这些动物及其制品的过程中，都有可能受到传染。

大自然的健康与安全，是人类健康与安全的前提。人们理应选择与自然友好、对自然负责的健康文明的生活方式。野生动物也有生存的权利，它们最理想的家园是生养它们的大自然，而不是被一些人牵着玩乐，或当作摆阔攀比的炫耀物，更不是当作盘中餐。

别忘了，大自然不仅仅是人类的家园，也是其他动物的家园。人类作为高等动物，应该学会与大自然，与其他动物和平共处。

多年前某些人喜好生吃猴脑，传言猴脑补脑。据目击者描述，这种生吃猴脑的残酷血腥场面实在令人震颤，不忍直视。这些以野生动物为美食的恶风不仅破坏了生态，而且助长了残忍、败坏了人性，更把自然界暗藏的恶瘴和祸水引向人间。

2003 年的“非典”过后，广东率先出台了禁止捕杀食用野生动物的条例，各地也纷纷呼应。

但愿人类能以此痛为鉴，真正修补与大自然的关系。

走向和谐！

走向文明！

2020 年 2 月 3 日，中共中央总书记习近平在中央政治局常委会会议上强调，要加强市场监管，坚决取缔和严厉打击非法野生动物市场和贸易，从源头上控制重大公共卫生危险。要加强法治建设，强化公共卫生法治建设。

2 月 24 日，第十三届全国人民代表大会常务委员会第十六次会议通过了《全国人民代表大会常务委员会关于全面禁止非法野生动物交易、革除滥食野生动物陋习、切实保障人民群众生命健康安全的决定》。

这次新冠病毒来势汹汹，中国举全国之力将疫情遏制住了。但世界疫情仍在蔓延。

太多太多的思索，太多太多的诤言。

一个成熟的民族，更是一个善于学习的民族，应该从灾难中学习到比平时多得多的智慧……

但愿这些焦灼的思索，不再仅仅是焦灼的思索。

但愿这场疫情给我们带来的肺腑之言——“肺言”，不再是新型冠状“废言”！

（2020 年 3 月 27 日作于武汉市洪山区水神客舍 1301 房间）